이서윤 쌤의 아이 스스로 하는
초등 입학 준비

KB139024

초등입학준비

이서윤 쌤의 아이 스스로 하는

· 공부 ·

랑랑쌤 이서윤 지음

글담출판

초등 입학 전 공부,
어디까지 해야 할까요?

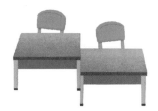

  아이의 입학을 앞두고, 우리 애가 수업을 잘 들을 수 있을지 걱정이 앞서실 것입니다. 어디까지 익혀야 할지, 많이 알수록 좋은 건지 등등 궁금한 것이 많으실 텐데요.

  15여 년간 교직에 있으면서 제가 확신했던 건, 간단한 한글과 수학의 기본만 익히고 입학해도 수업 듣는 데 전혀 지장이 없다는 것이었습니다.

  물론 입학 전부터 아이마다 실력 차가 벌어집니다. 책을 줄줄 읽는 아이가 있는 반면, 어떤 아이는 낱자 하나하나 더듬더듬 읽기도 합니다. 어떤 아이는 편지를 쓱쓱 써 내려가는데, 어떤 아이는 자기 이름만 겨우 그리듯 쓰기도 합니다.

  그런데 말이지요. 줄줄 책을 읽는 아이 중에서도 '순서대로' 한글을 쓸 수 있는 아이들은 생각보다 많지 않습니다. 또 한글을 읽는 게 완벽하지 않은 아이도 기초를 빠르게 훑으면서 소리 내는 원리를 정확하게 익히면 한글 읽기 독립을 빠르게 이뤄 낼 수 있습니다. 그러니 현재 아이 실력이 미흡한 듯 보여도 쉽게 좌절하거나 불안해하지 않으셔도 됩니다.

  다만 조금 알아 두면 훨씬 더 자신감 있는 학교생활이 가능하기 때문에 아래 수준 정도로 준비해 주시면 좋을 듯합니다.

- 국어 : 어느 정도 읽고 쓸 수 있는 정도면 충분
- 수학 : 100까지의 수를 알고 10 이내 수 셈 정도면 충분

아이의 뇌가 문자를 익힐 준비가 되었는지 먼저 확인해 주세요

이 책은 모음, 자음을 익히고, 모음과 자음을 합하는 과정, 받침을 합쳐서 읽는 과정을 하나하나 담아 놓았습니다. 이미 한글을 아는 친구도 쓰는 순서까지 정확하게 따라 하며 기초를 점검하세요. 초반에 쓰는 법을 올바로 잡아 놓지 않으면 습관이 되어 고치기 어렵습니다.

만약 아이가 아직 한글을 익히지 못했다면 이 말씀을 드리고 싶어요. 단순히 글자를 읽고 쓰는 것만이 문해력을 길러 주는 방법이 아닙니다. 많이 듣고 대화하면 '소리 글자'로 자리 잡은 어휘들이 많아지게 됩니다. 그리고 글자를 읽으면서 소리 글자와 문자 글자의 일치가 이루어지고 변환이 됩니다. 그동안 일상 대화를 하면서 또 책을 읽으면서 만들어진 소리 글자가 많다면, 문자 글자로 변환시키는 일은 그다지 어렵지 않습니다. 그러니 아이에게 어떻게 한글을 가르쳐야 할지 막막하시다면, 아이가 도통 관심을 보이지 않아 걱정이 되신다면, 소리 글자 쌓기에 충분히 시간을 들여 주세요. 그런 뒤 이 책을 통해 문자 글자로 변환시키는 연습을 해보세요.

소리 내어 읽고 따라 써 원리를 익히면
순식간에 깨치게 돼요

어려서 한글을 스스로 익혀 영특하다는 소리를 들었던 아이가 학교 입학 후 모두 공부를 잘하는 것이 아니듯, 한글을 빨리 뗐냐 아니냐는 중요하지 않습니다. 이제 아이의 뇌는 문자를 익힐 준비가 충분히 되었기 때문에 한글을 잘 모르더라도 이 교재를 통해 원리를 익히고, 소리를 내어 보고, 순서대로 써보면 한글과 금방 친해질 수 있습니다.

받침 없는 낱말부터 복잡한 모음과 대표 받침, 그리고 어려운 받침까지 맛보기 할수 있게 하였습니다. 물론 복잡한 모음과 받침은 한번에 되지 않아요. 이 교재에서 맛보기를 한 뒤 학교에 가서 반복 연습 하면 됩니다.

학교에서 이루어지는 1학년의 국어 수업에서 한글은 충분한 차시로 다루어지고 있으니, 염려와 걱정을 내려놓으셔도 됩니다. 가정에서 한글의 기본을 익힌 후 학교에서 꾸준히 연습하면 읽기 독립 금방 해낼 수 있습니다.

수학 선행은 많이 해놓을수록 좋을까요?

그럼 수학은요? 초등학교에 입학한 후 아이들은 1년 내내 9까지의 수, 50까지의 수, 100까지의 수, 수 가르기와 모으기, 덧셈과 뺄셈, 시계 보기, 비교하기 등을 배웁니다. 따라서 입학하기 전에는 100까지 숫자 읽고 쓰기, 일상생활에서 숫자 인식, 한 자리 수의 덧셈, 뺄셈 정도면 충분합니다.

2학기 수학에는 10이 되는 더하기, 10에서 빼기 즉 10의 보수 개념이 나옵니다. 10

의 보수 개념을 이용해서 10을 만들어 더하기, 빼기를 하면 연산을 좀 더 쉽게 할 수 있습니다.

이렇게 말씀드려도, 선행을 많이 해놓을수록 좋지 않을까 하는 마음이 드실 거예요. 확실히 선행이 꼭 필요한 아이들이 있어요. 아이가 선행의 속도를 결정하는 거지요. 우리 아이를 보고 결정하세요. 느린 아이를 억지로 끌고 가지는 마세요. 사고력 수학, 심화 문제집을 풀면서 수학에 대한 감정만 나빠지는 경우를 너무 많이 보았습니다. 풀렸다가 아이가 힘들어하면 돈 아까워하지 말고 멈추세요. 학년이 올라갈수록 수학은 어려워집니다. 그때 공부량을 점점 늘려가면 됩니다.

수학의 함정에 빠지지 않아야 해요

숫자를 읽고 쓸 수 있으면, 아이가 숫자를 깨쳤다고 생각하기 쉽습니다. 하지만 읽고 쓰는 법을 알게 된 것이지, 수 감각을 정확히 깨친 것은 아님을 꼭 명심하셨으면 좋겠습니다.

한 자리 수의 덧셈, 뺄셈 역시 마찬가지입니다. 단순히 덧셈, 뺄셈을 할 수 있느냐의 여부가 아니라, 수를 가지고 요리할 수 있느냐가 중요합니다. 즉 가르기와 모으기로 자유롭게 수를 움직이고 만들 수 있어야 합니다. 가르기와 모으기는 수 감각을 기르는 가장 좋은 방법이기도 합니다. 가르기와 모으기가 되면 수가 커져도 자연스럽게 받아올림과 받아내림이 됩니다.

예를 들어 8 + 5를 한다면, 8을 3과 5로 가를 수 있습니다.

$$8+5 = (3+5) + 5 = 3+ (5+5) = 3+10 = 13$$

어떤가요? 가르기만 해도 계산이 훨씬 쉬워지지요? 이게 되면 38+ 25도 다양한 방법으로 덧셈을 할 수 있는데요.

$$38 + 25 = (30 + 8) + (20 + 5) = 50 + 8 + 5 = 50 + 13 = 63$$
$$38 + 25 = (40 - 2) + 25 = (40 + 25) - 2 = 65 - 2 = 63$$

왜 굳이 이렇게 해야 하냐고요? 처음에는 이 방법이 어려운 것 같지만 계산을 오히려 빠르게 하는 방법입니다.

그것의 시작이 1학년 가르기와 모으기예요. 사탕이나 수 블럭 등을 가지고 직접 수를 가르고 모으며 덧셈, 뺄셈을 연습해 보세요.

학년이 올라갈수록, 수 감각을 제대로 기르지 못해, 두 자리 수 연산에서 실수가 반복되어 다시 구체물로 수 감각 익히기를 하는 아이들을 많이 보았습니다. 최대한 많이, 이렇게까지 반복해야 하나 싶을 정도로 해주세요. 그러면 자연스럽게 수 감각과 함께 덧·뺄셈의 기초를 다질 수 있습니다.

빠르기보다 정확성, 기본 수학능력을 다져 주세요

1학년 수학은 대다수 아이들이 유치원 때부터 배우기 때문에 더욱 쉽게 생각하는 경향이 있습니다. 그러다 나중에 학년이 올라 세 자리 수로 넘어가면서 헤매는 아이들이 속출하는데요. 진도를 빨리 나가는 것보다 정확하게 아는 것이 중요해요. 게다가 이 시기의 아이들 중에는 숫자를 정확한 순서대로 쓰지 못하는 경우도 상당히 많습니다. 아이가 표기 순서에 맞게 쓸 수 있는지 이 책을 통해 점검해 보고 바로잡아 주세요.

　사실 이 책은 아들의 초등학교 입학을 준비하면서 만든 교재입니다. 아이 입학을 앞둔 학부모 마음을 알기에 부담은 최대한 덜고, 현직 교사의 노하우를 담아 핵심 개념과 내용을 담았습니다. 하루 한 장씩 간단하게 해보세요.

이 책의 구성 및 활용법

자신감 있는 학교생활이 가능하도록 꼭 갖춰야 할 기본 학습능력이 있습니다.
아이 스스로 즐겁게 재밌게 익힐 수 있도록 구성했습니다.
이미 기본적인 학습을 뗀 친구들이라면, 잘 준비가 되었는지 점검해 보는 시간을 가져 보세요.

1부) 국어 준비 : 한글 떼기 · 14쪽

소리 나는 발음 기관의 움직임과 모양을 본떠 자음이 만들어지고, 하늘, 땅, 사람의 모양을 본떠 기본 모음자가 만들어졌어요.
이 원리를 따라 익히면 쉽고 재미있게 한글을 뗄 수 있어요.

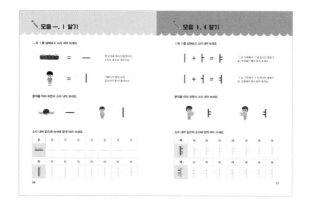

모음 익히기

그림을 통해 글자를 설명하여 쉽게 이해할 수 있어요.

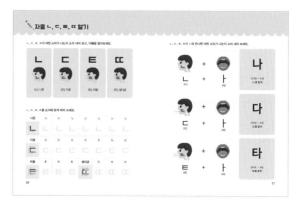

자음 익히기

그림을 통해 글자를 설명하여 쉽게 이해할 수 있발음을 중심으로 한글이 만들어진 원리를 알려 줘요. 혀의 모양과 움직임을 이해함으로써 쉽게 익힐 수 있어요.

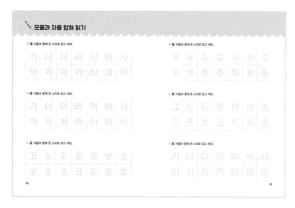

모음과 자음 합치기

모음, 자음을 익힌 뒤에는 자음과 모음을 합쳐 낱자를 익혀요.

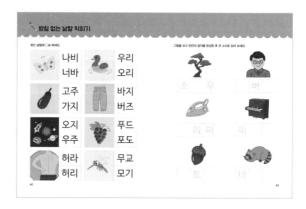

받침 없는 낱말 익히기

받침 없는 낱말을 읽고 써보는 활동을 해요.

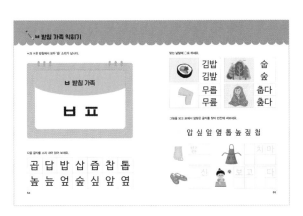

받침 낱말 익히기

대표 받침 글자를 배우며, 받침 낱말을 익혀요. 소리 내어 읽으며 정확하게 읽을 수 있도록 해요.

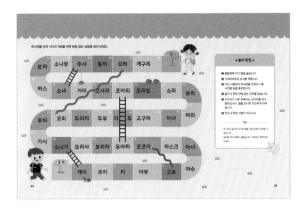

한글 놀이

읽고 쓰기만 하면 재미없고 지루해요. 재미있는 낱말 놀이를 통해 제대로 익혔는지 점검해 보세요.

2부) 수학 준비 : 1~100 수 완성 · 80쪽

교과서 학습 순서를 따라 구성하여 학교 수업 적응력을 높였어요.

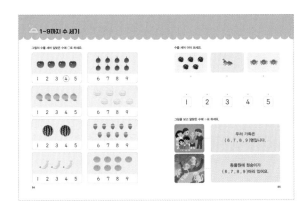

1~9까지 수 익히기

과일, 동물, 도형 등 다양한 구체물을 통해 1-9까지의 수를 익힐 수 있도록 도와요.

첫째~아홉째 순서 알기

개수를 나타내는 수를 익힌 뒤, 순서를 나타내는 수를 익혀요.

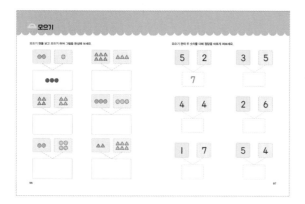

모으기, 가르기

모으기와 가르기 활동으로 더하기와 빼기의 원리를 익혀요.

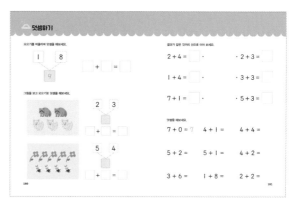

덧셈하기

구체물, 숫자로 한 자리 수의 덧셈을 익혀요. 덧셈식 쓰기도 연습해요.

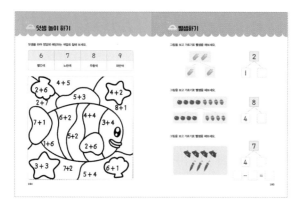

뺄셈하기

구체물, 숫자로 한 자릿수의 뺄셈을 익혀요. 덧셈식 쓰기도 연습해요.

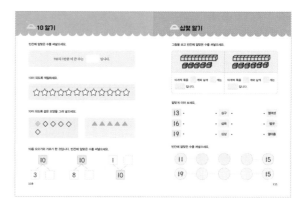

100까지 수 익히기

한 자리 수를 모두 익혔다면, 두 자리 수를 다양한 구체물을 통해 알아보고, 10씩 묶어세기로 100까지의 수를 배워요.

★ ★ ★

참 잘했어요!

멋진 어린이   은(는)

놀고 싶은 마음을 이겨내고,

성실하게 공부하였기에 이 상장을 드립니다.

년   월   일

✧ 1부 ✧

국어 준비

하루에 5분씩만 선생님과 함께
한글을 배워 볼까요?
모음을 표현한 그림 동작도 따라 해보고
큰 소리로 따라 읽다 보면
어느 순간 저절로
한글을 깨치게 될 거예요.

글씨 바르게 쓰는 방법

연필을 바르게 잡는 방법

올바른 예시　　　　　　　　　　잘못된 예시

① 연필의 아랫부분, 연필심에서 약간 위로 올라간 부분을 잡습니다.

② 연필을 너무 세우거나 눕히지 않습니다.

③ 엄지손가락과 집게손가락의 모양을 둥글게 하여 연필을 잡습니다.

④ 가운뎃손가락으로 연필을 받칩니다.

글자를 쓰는 순서

글자는 쓰는 순서에 맞게 써야 예쁘고 빠르게 쓸 수 있습니다.

① 위에서 아래로 쓰세요.

② 왼쪽에서 오른쪽으로 쓰세요.

자음과 모음 알기

한글은 자음과 모음을 결합하여 표시하는 글자예요.

아기는 자(子)음, 엄마는 모(母)음. 아기와 엄마가 만나 글자가 만들어진다고 떠올려 보세요.

다음 중 자음에는 파란색으로, 모음에는 빨간색으로 ○표 해보세요.

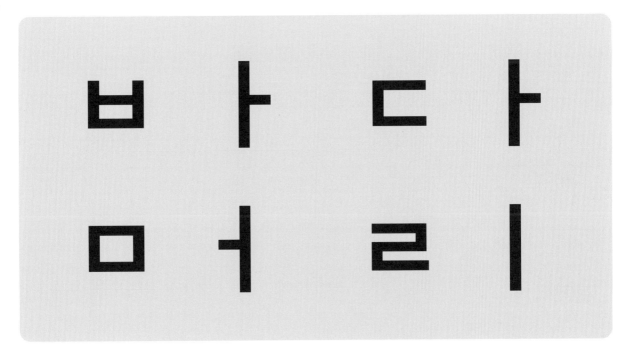

모음 ㅏ, ㅓ 알기

ㅏ와 ㅓ를 살펴보고 소리 내어 밝은 느낌과 어두운 느낌을 느껴 보세요.

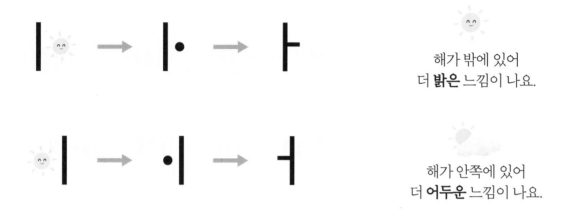

해가 밖에 있어
더 **밝은** 느낌이 나요.

해가 안쪽에 있어
더 **어두운** 느낌이 나요.

동작을 따라 하면서 소리 내어 보세요.

소리 내어 읽으며 순서에 맞게 따라 쓰세요.

아	아	아	아	아	아	아	아
①②→ ㅏ	ㅏ	ㅏ	ㅏ	ㅏ	ㅏ	ㅏ	ㅏ

어	어	어	어	어	어	어	어
①→② ㅓ	ㅓ	ㅓ	ㅓ	ㅓ	ㅓ	ㅓ	ㅓ

모음 ㅗ, ㅜ 알기

ㅗ와 ㅜ를 살펴보고 소리 내어 밝은 느낌과 어두운 느낌을 느껴 보세요.

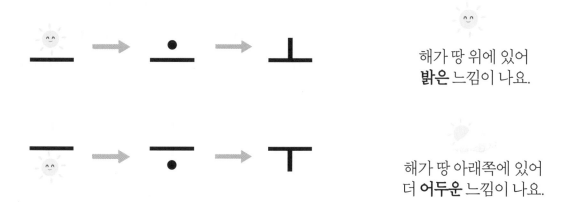

해가 땅 위에 있어
밝은 느낌이 나요.

해가 땅 아래쪽에 있어
더 **어두운** 느낌이 나요.

동작을 따라 하면서 소리 내어 보세요.

소리 내어 읽으며 순서에 맞게 따라 쓰세요.

오	오	오	오	오	오	오	오
ㅗ							

우	우	우	우	우	우	우	우
ㅜ							

모음 ㅡ, ㅣ 알기

ㅡ와 ㅣ를 살펴보고 소리 내어 보세요.

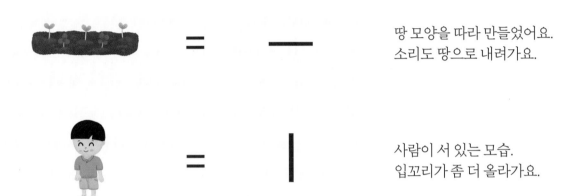

땅 모양을 따라 만들었어요.
소리도 땅으로 내려가요.

사람이 서 있는 모습.
입꼬리가 좀 더 올라가요.

동작을 따라 하면서 소리 내어 보세요.

소리 내어 읽으며 순서에 맞게 따라 쓰세요.

으	으	으	으	으	으	으	으
① →							

이	이	이	이	이	이	이
①↓						

모음 ㅑ, ㅕ 알기

ㅑ와 ㅕ를 살펴보고 소리 내어 보세요.

ㅣ + ㅏ = ㅑ

'ㅣ'로 시작해서 'ㅏ'로 끝나는 발음으로, 연결해서 빨리 읽어 보세요.

ㅣ + ㅓ = ㅕ

'ㅣ'로 시작해서 'ㅓ'로 끝나는 발음으로, 연결해서 빨리 읽어 보세요.

동작을 따라 하면서 소리 내어 보세요.

 ㅑ

 ㅕ

소리 내어 읽으며 순서에 맞게 따라 쓰세요.

야	야	야	야	야	야	야	야
ㅑ	ㅑ	ㅑ	ㅑ	ㅑ	ㅑ	ㅑ	ㅑ

여	여	여	여	여	여	여	여
ㅕ	ㅕ	ㅕ	ㅕ	ㅕ	ㅕ	ㅕ	ㅕ

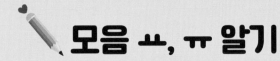 모음 ㅛ, ㅠ 알기

ㅛ와 ㅠ를 살펴보고 소리 내어 보세요.

$$| + ㅗ = ㅛ$$

'ㅣ'로 시작해서 'ㅗ'로 끝나는 발음으로, 연결해서 빨리 읽어 보세요.

$$| + ㅜ = ㅠ$$

'ㅣ'로 시작해서 'ㅜ'로 끝나는 발음으로, 연결해서 빨리 읽어 보세요.

동작을 따라 하면서 소리 내어 보세요.

 ㅛ

 ㅠ

소리 내어 읽으며 순서에 맞게 따라 쓰세요.

요	요	요	요	요	요	요	요

유	유	유	유	유	유	유	유

자음 ㄱ, ㅋ, ㄲ 알기

ㄱ, ㅋ, ㄲ은 어떤 소리가 나는지 소리 내어 보고, 이름을 알아보세요.

[그], 기역   [크], 키읔   [끄], 쌍기역

ㄱ, ㅋ, ㄲ을 순서에 맞게 따라 쓰세요.

기역	ㄱ	ㄱ	ㄱ	ㄱ	ㄱ	ㄱ	ㄱ
ㄱ							

키읔	ㅋ	ㅋ	ㅋ	ㅋ	ㅋ	ㅋ	ㅋ
ㅋ							

쌍기역	ㄲ	ㄲ	ㄲ	ㄲ	ㄲ	ㄲ	ㄲ
ㄲ							

ㄱ, ㅋ, ㄲ이 ㅏ와 만나면 어떤 소리가 나는지 소리 내어 보세요.

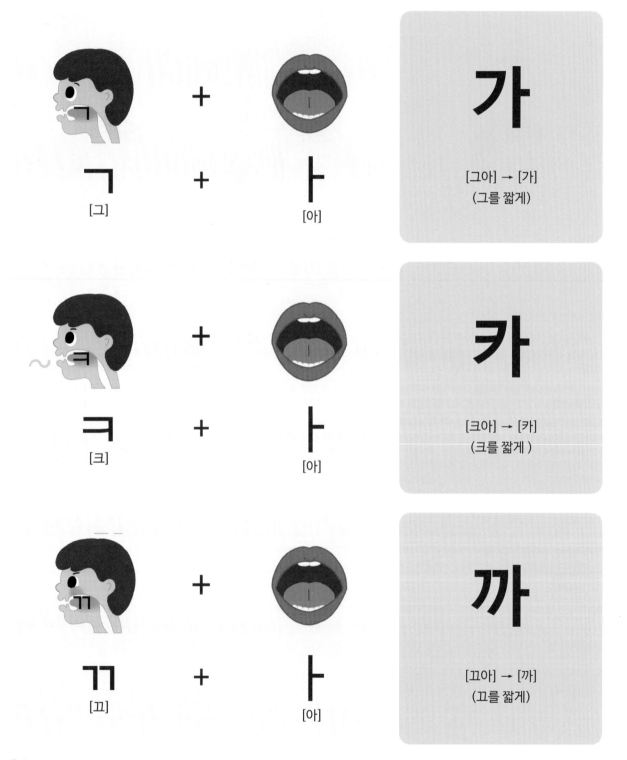

ㄱ
[그]

+

ㅏ
[아]

가

[그아] → [가]
(그를 짧게)

ㅋ
[크]

+

ㅏ
[아]

카

[크아] → [카]
(크를 짧게)

ㄲ
[끄]

+

ㅏ
[아]

까

[끄아] → [까]
(끄를 짧게)

ㄱ, ㅋ, ㄲ과 모음을 합쳐 소리 내어 읽으며 글자를 써요.

모음 자음	ㅓ [어]	ㅗ [오]	ㅜ [우]	ㅡ [으]	ㅣ [이]
ㄱ [그]	거				
ㅋ [크]		코			
ㄲ [끄]			꾸		

이서윤 쌤의 공부 팁

한글 읽기에 서투른 아이들은 자음과 모음을 합해서 빠르게 읽어 보는 연습이 많은 도움이 됩니다. 단순히 쓰기만 하지 말고 크게 소리 내어서 '거, 고, 구, 그, 기, 커, 코, 쿠, 크, 키, 꺼, 꼬, 꾸, 끄, 끼' 하고 읽어 보세요.

✎ 자음 ㄴ, ㄷ, ㅌ, ㄸ 알기

ㄴ, ㄷ, ㅌ, ㄸ이 어떤 소리가 나는지 소리 내어 보고, 이름을 알아보세요.

[느], 니은	[드], 디귿	[트], 티읕	[뜨], 쌍디귿

ㄴ, ㄷ, ㅌ, ㄸ을 순서에 맞게 따라 쓰세요.

니은	ㄴ	ㄴ	ㄴ	ㄴ	ㄴ	ㄴ	ㄴ
ㄴ	ㄴ	ㄴ	ㄴ	ㄴ	ㄴ	ㄴ	ㄴ

디귿	ㄷ	ㄷ	ㄷ	ㄷ	ㄷ	ㄷ	ㄷ
ㄷ	ㄷ	ㄷ	ㄷ	ㄷ	ㄷ	ㄷ	ㄷ

티읕	ㅌ	ㅌ	ㅌ	쌍디귿	ㄸ	ㄸ	ㄸ
ㅌ	ㅌ	ㅌ	ㅌ	ㄸ	ㄸ	ㄸ	ㄸ

ㄴ, ㄷ, ㅌ, ㄸ이 ㅏ와 만나면 어떤 소리가 나는지 소리 내어 보세요.

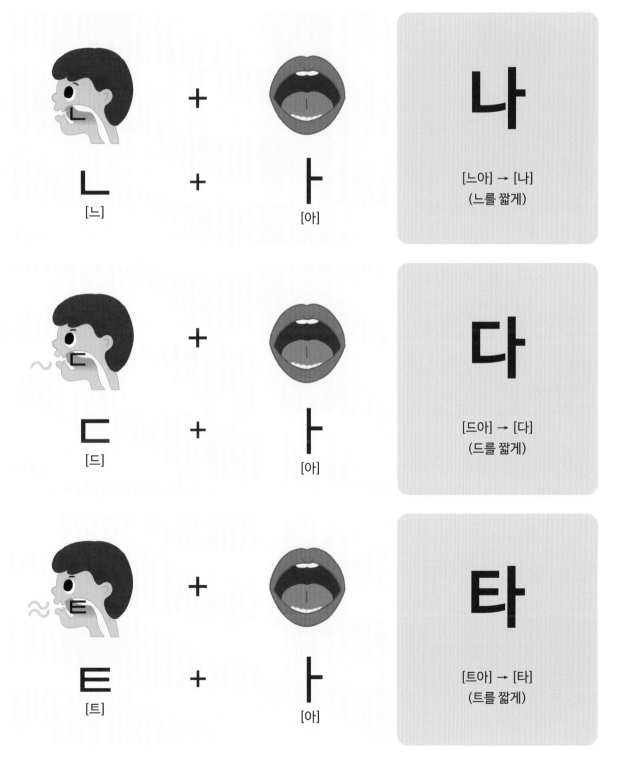

ㄴ + ㅏ
[느] + [아]

나
[느아] → [나]
(느를 짧게)

ㄷ + ㅏ
[드] + [아]

다
[드아] → [다]
(드를 짧게)

ㅌ + ㅏ
[트] + [아]

타
[트아] → [타]
(트를 짧게)

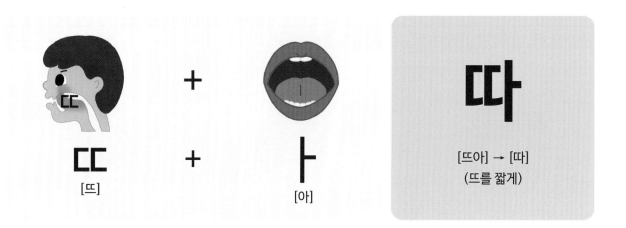

[뜨] + [아]

따

[뜨아] → [따]
(뜨를 짧게)

ㄴ, ㄷ, ㅌ, ㄸ과 모음을 합쳐 소리 내어 읽으며 글자를 써요.

모음 자음	ㅓ [어]	ㅗ [오]	ㅜ [우]	ㅡ [으]	ㅣ [이]
ㄴ [그]	너				
ㄷ [드]		도			
ㅌ [트]			투		
ㄸ [뜨]					띠

자음 ㅁ, ㅂ, ㅍ, ㅃ 알기

ㅁ, ㅂ, ㅍ, ㅃ이 어떤 소리가 나는지 소리 내어 보고, 이름을 알아보세요.

ㅁ	ㅂ	ㅍ	ㅃ
[므], 미음	[브], 비읍	[프], 피읖	[쁘], 쌍비읍

ㅁ, ㅂ, ㅍ, ㅃ을 순서에 맞게 따라 쓰세요.

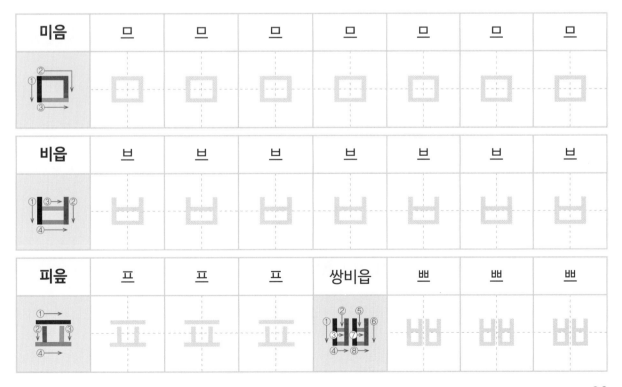

미음	ㅁ	ㅁ	ㅁ	ㅁ	ㅁ	ㅁ	ㅁ
비읍	ㅂ	ㅂ	ㅂ	ㅂ	ㅂ	ㅂ	ㅂ
피읖	ㅍ	ㅍ	ㅍ	쌍비읍	ㅃ	ㅃ	ㅃ

ㅁ, ㅂ, ㅍ, ㅃ이 ㅏ와 만나면 어떤 소리가 나는지 소리 내어 보세요.

		마
ㅁ [므] +	ㅏ [아]	[므아] → [마] (므를 짧게)
ㅂ [브] +	ㅏ [아]	바 [브아] → [바] (브를 짧게)
ㅍ [프] +	ㅏ [아]	파 [프아] → [파] (프를 짧게)

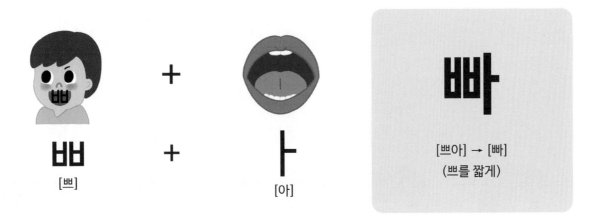

ㅃ
[쁘]

+

ㅏ
[아]

빠

[쁘아] → [빠]
(쁘를 짧게)

ㅁ, ㅂ, ㅍ, ㅃ과 모음을 합쳐 소리 내어 읽으며 글자를 써요.

모음 / 자음	ㅓ [어]	ㅗ [오]	ㅜ [우]	ㅡ [으]	ㅣ [이]
ㅁ [므]	머				
ㅂ [브]		보			
ㅍ [프]			푸		
ㅃ [쁘]				쁘	

자음 ㅅ, ㅈ, ㅊ, ㅉ, ㅆ 알기

ㅅ, ㅈ, ㅊ, ㅉ, ㅆ이 어떤 소리가 나는지 소리 내어 보고, 이름을 알아보세요.

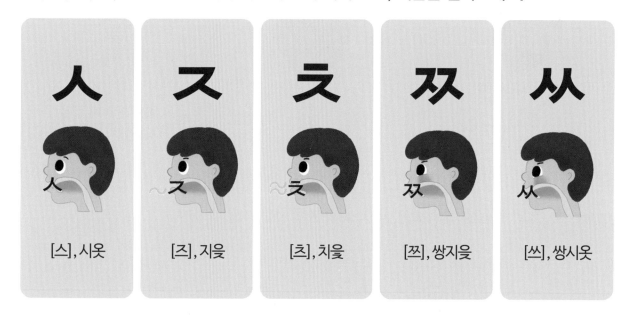

ㅅ	ㅈ	ㅊ	ㅉ	ㅆ
[스], 시옷	[즈], 지읒	[츠], 치읓	[쯔], 쌍지읒	[쓰], 쌍시옷

ㅅ, ㅈ, ㅊ, ㅉ, ㅆ을 순서에 맞게 쓰세요.

시옷	ㅅ	ㅅ	ㅅ	ㅅ	ㅅ	ㅅ	ㅅ
ㅅ	ㅅ	ㅅ	ㅅ	ㅅ	ㅅ	ㅅ	ㅅ

지읒	ㅈ	ㅈ	ㅈ	치읓	ㅊ	ㅊ	ㅊ
ㅈ	ㅈ	ㅈ	ㅈ	ㅊ	ㅊ	ㅊ	ㅊ

쌍지읒	ㅉ	ㅉ	ㅉ	쌍시옷	ㅆ	ㅆ	ㅆ
ㅉ	ㅉ	ㅉ	ㅉ	ㅆ	ㅆ	ㅆ	ㅆ

ㅅ, ㅈ, ㅊ, ㅉ, ㅆ이 ㅏ와 만나면 어떤 소리가 나는지 소리 내어 보세요.

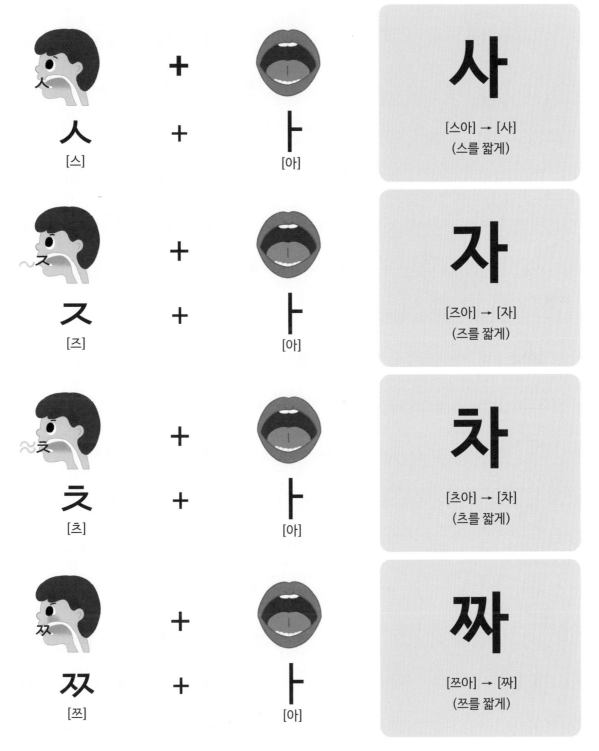

ㅅ
[스]

+

ㅏ
[아]

사
[스아] → [사]
(스를 짧게)

ㅈ
[즈]

+

ㅏ
[아]

자
[즈아] → [자]
(즈를 짧게)

ㅊ
[츠]

+

ㅏ
[아]

차
[츠아] → [차]
(츠를 짧게)

ㅉ
[쯔]

+

ㅏ
[아]

짜
[쯔아] → [짜]
(쯔를 짧게)

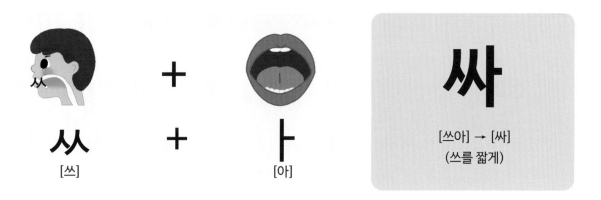

ㅅ, ㅈ, ㅊ, ㅉ, ㅆ과 모음을 합쳐 소리 내어 읽으며 글자를 써요.

자음＼모음	ㅓ [어]	ㅗ [오]	ㅜ [우]	ㅡ [으]	ㅣ [이]
ㅅ [스]	서				
ㅈ [즈]		조			
ㅊ [츠]			추		
ㅉ [쯔]				쯔	
ㅆ [쓰]					씨

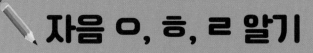

자음 ㅇ, ㅎ, ㄹ 알기

ㅇ, ㅎ, ㄹ이 어떤 소리가 나는지 소리 내어 보고, 이름을 알아보세요.

ㅇ, ㅎ, ㄹ을 순서에 맞게 따라 쓰세요.

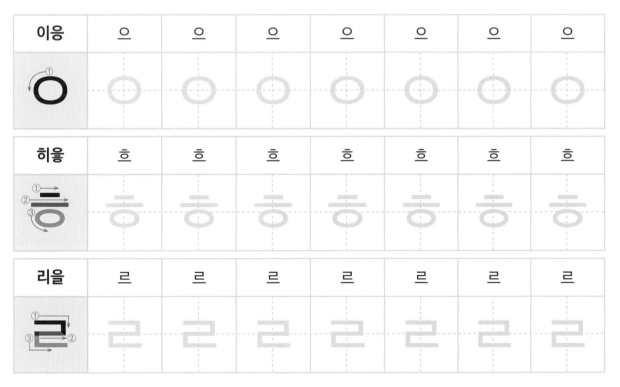

ㅇ, ㅎ, ㄹ이 ㅏ와 만나면 어떤 소리가 나는지 소리 내어 보세요.

ㅇ
[으]

+

ㅏ
[아]

아

[으아] → [아]
(으를 짧게)

ㅎ
[흐]

+

ㅏ
[아]

하

[흐아] → [하]
(흐를 짧게)

ㄹ
[르]

+

ㅏ
[아]

라

[르아] → [라]
(르를 짧게)

ㅇ, ㅎ, ㄹ과 모음을 합쳐 소리 내어 읽으며 글자를 써요.

모음 자음	ㅓ [어]	ㅗ [오]	ㅜ [우]	ㅡ [으]	ㅣ [이]
ㅇ [으]	어				
ㅎ [흐]		호			
ㄹ [르]			루		

 이서윤 쌤의 공부 팁

부모님이 아이와 함께 빨리 읽기 시합을 해보세요. '어, 오, 우, 으, 이, 허, 호, 후, 흐, 히, 러, 로, 루, 르, 리' 더 빠르고 정확하게 읽는 연습을 게임처럼 하는 것입니다. 초 시계로 시간 을 재도 좋아요.

모음과 자음 합쳐 읽기

'ㅏ'를 자음과 함께 큰 소리로 읽고 써요.

가	나	다	라	마	바	사
아	자	차	카	타	파	하

'ㅓ'를 자음과 함께 큰 소리로 읽고 써요.

거	너	더	러	머	버	서
어	저	처	커	터	퍼	허

'ㅗ'를 자음과 함께 큰 소리로 읽고 써요.

고	노	도	로	모	보	소
오	조	초	코	토	포	호

'ㅜ'를 자음과 함께 큰 소리로 읽고 써요.

구	누	두	루	무	부	수
우	주	추	쿠	투	푸	후

'ㅡ'를 자음과 함께 큰 소리로 읽고 써요.

그	느	드	르	므	브	스
으	즈	츠	크	트	프	흐

'ㅣ'를 자음과 함께 큰 소리로 읽고 써요.

기	니	디	리	미	비	시
이	지	치	키	티	피	히

'ㅑ'를 자음과 함께 큰 소리로 읽고 써요.

갸	냐	댜	랴	먀	뱌	샤
야	쟈	챠	캬	탸	퍄	햐

'ㅕ'를 자음과 함께 큰 소리로 읽고 써요.

겨	녀	뎌	려	며	벼	셔
여	져	쳐	켜	텨	펴	혀

'ㅛ'를 자음과 함께 큰 소리로 읽고 써요.

교	뇨	됴	료	묘	뵤	쇼
요	죠	쵸	쿄	툐	표	효

'ㅠ'를 자음과 함께 큰 소리로 읽고 써요.

규	뉴	듀	류	뮤	뷰	슈
유	쥬	츄	큐	튜	퓨	휴

이서윤 쌤의 공부 팁

입학 전에 어느 정도 한글을 떼고 들어가야 할지 가장 고민되고 걱정이실 텐데요. 받침 없는 낱말을 읽을 수 있고, 쉬운 받침이 들어가는 글자를 조금씩 읽을 수 있다면 아주 훌륭하다고 할 수 있어요. 무엇보다 당부드리고 싶은 것은 한글을 읽을 수 있더라도 획순에 맞지 않게 쓰는 아이들이 많습니다. 처음에 잘못 배우면 고치기 더 힘들기 때문에 순서에 맞게 쓸 수 있도록 도와주세요.

맞는 낱말에 ○표 하세요.

나비

너바

우리

오리

고주

가지

바지

버즈

오지

우주

푸드

포도

허라

허리

무교

모기

그림을 보고 빈칸의 글자를 완성한 후 큰 소리로 읽어 보세요.

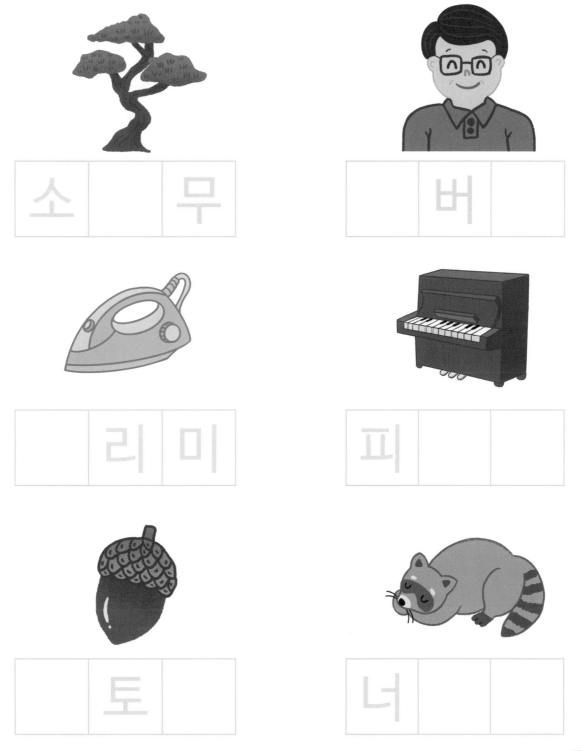

소 　 무

　 버 　

　 리 미

피 　 　

　 토 　

너

주사위를 던져 사다리 게임을 하며 받침 없는 낱말을 읽어 보세요.

31 모자	32 소나무	33 주사	34 토끼	35 꼬리	개구ㄹ
30 버스	29 소녀	28 거미	27 고사리	26 코끼리	25 토마ㅌ
15 우비	16 오리	17 두더지	18 두부	자 19 두	고구ㄷ
14 가시	13 소나기	12 요리사	11 보리차	10 유아차	9 코코ㅇ
	출발	1 개미	2 쿠키	3 키	4 어부

끝

24	23
소리	보리

	22
21	머리
미녀	

8	7
마스크	마녀

	6
5	야수
고추	

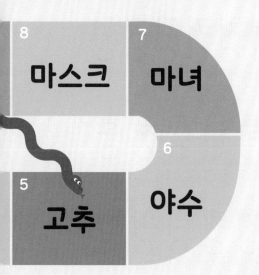

♣ 놀이 방법 ♣

❶ 출발점에 자기 말을 놓습니다.

❷ 가위바위보로 순서를 정합니다.

❸ 이긴 사람부터 주사위를 던져서 나온 수만큼 말을 움직입니다.

❹ 말이 도착한 칸에 있는 단어를 읽습니다.

❺ 사다리가 나온 곳에서는 사다리를 타고 올라갑니다. 뱀을 만나면 미끄러져 내려 옵니다.

❻ 먼저 도착한 사람이 이깁니다.

—————— TIP ——————

• 주사위가 없다면 주사위 앱을 다운 받아서 사용할 수 있습니다.

• 글자를 읽지 못해도 괜찮습니다. 부모님이 함께 읽어 주세요.

○ 받침과 만나면 어떤 글자가 되는지 읽어 보고, 글자를 순서에 맞게 써보세요.

가	벼	혀	고	초
ㅇ	ㅇ	ㅇ	ㅇ	ㅇ
[응]	[응]	[응]	[응]	[응]
↓	↓	↓	↓	↓
강	병	형	공	총

○ 받침과 만나면 어떤 글자가 되는지 읽어 보세요.

강 낭 당 랑 망 방 상

성 어 저 처 커 터 퍼 허

고 노 도 로 모 보 소

우 주 추 쿠 투 푸 후

그 느 드 르 므 브 스

이 지 치 키 티 피 히

○ 받침을 넣어 낱말을 완성하고 순서에 맞게 써보세요.

ㅁ 받침 익히기

ㅁ 받침과 만나면 어떤 글자가 되는지 읽어 보고, 글자를 순서에 맞게 써보세요.

가	바	고	소	추
ㅁ	ㅁ	ㅁ	ㅁ	ㅁ
[음]	[음]	[음]	[음]	[음]
↓	↓	↓	↓	↓
감	밤	곰	솜	춤

ㅁ 받침과 만나면 어떤 글자가 되는지 읽어 보세요.

감남담람맘밤삼

엄점첨컴텀펌험

곰놈돔롬몸봄솜

움줌춤쿰툼품훔

금늠듬름음븜슴

임짐침킴팀핌힘

48

□ 받침을 넣어 낱말을 완성하고 순서에 맞게 써보세요.

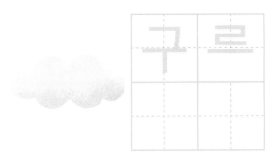
구 르

소 그

하 푸

그 리 자

오 주

 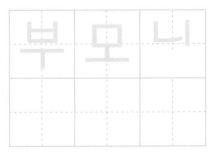
부 모 니

가 자

자 자 리

ㄱ 받침 익히기

ㄱ 받침과 만나면 어떤 글자가 되는지 읽어 보고, 글자를 순서에 맞게 써보세요.

벼	야	터	주	호
ㄱ	ㄱ	ㄱ	ㄱ	ㄱ
[윽]	[윽]	[윽]	[윽]	[윽]
↓	↓	↓	↓	↓
벽	약	턱	죽	혹

ㄱ 받침과 만나면 어떤 글자가 되는지 읽어 보세요.

각 낙 닥 락 막 박 삭   억 적 척 컥 턱 퍽 헉

곡 녹 독 록 목 복 속   욱 죽 축 쿡 툭 푹 훅

극 늑 득 륵 믁 븍 슥   익 직 칙 킥 틱 픽 힉

ㄱ 받침을 넣어 낱말을 완성하고 순서에 맞게 써보세요.

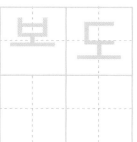

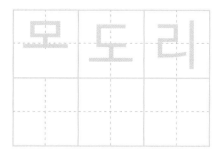

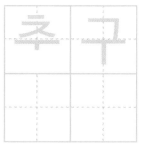

ㄴ 받침과 만나면 어떤 글자가 되는지 읽어 보고, 글자를 순서에 맞게 써보세요.

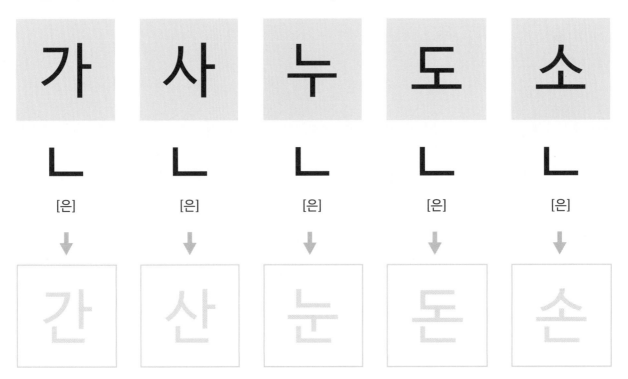

ㄴ 받침과 만나면 어떤 글자가 되는지 읽어 보세요.

가 나 다 라 마 바 사
ㄴ ㄴ ㄴ ㄴ ㄴ ㄴ ㄴ

어 저 처 커 터 퍼 허
ㄴ ㄴ ㄴ ㄴ ㄴ ㄴ ㄴ

고 노 도 로 로 모 보 소
ㄴ ㄴ ㄴ ㄴ ㄴ ㄴ ㄴ

우 주 추 쿠 투 푸 후
ㄴ ㄴ ㄴ ㄴ ㄴ ㄴ ㄴ

그 느 드 르 므 브 스
ㄴ ㄴ ㄴ ㄴ ㄴ ㄴ ㄴ

이 지 치 키 티 피 히
ㄴ ㄴ ㄴ ㄴ ㄴ ㄴ ㄴ

ㄴ 받침을 넣어 낱말을 완성하고 순서에 맞게 써보세요.

바 지

무 어

처 사

우 사

자 디

어 리 이

기 리

거 저 지

ㄷ 받침 익히기

ㄷ 받침과 만나면 어떤 글자가 되는지 읽어 보고, 글자를 순서에 맞게 써보세요.

드	미	거	고	바
ㄷ	ㄷ	ㄷ	ㄷ	ㄷ
[읃]	[읃]	[읃]	[읃]	[읃]
↓	↓	↓	↓	↓
듣	믿	걷	곧	받

ㄷ 받침과 만나면 어떤 글자가 되는지 읽어 보세요.

갇 낟 닫 랃 맏 받 삳   얻 젇 첟 컫 턷 펃 헏

곧 녿 돋 롣 몯 볻 솓   욷 줃 춛 쿧 툳 푿 훋

귿 늗 듣 륻 믇 븓 슫   읻 짇 칟 킫 틷 픧 힏

54

ㄷ 받침을 넣어 낱말을 완성하고 순서에 맞게 써보세요.

 다 다

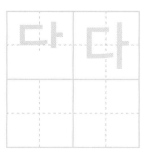  이 틀 날

 거 다

  돋 보 기

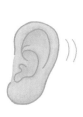 드 다

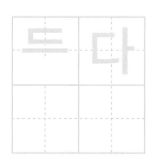 해 돋 이

 쏘 다

  수 가 락

55

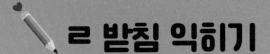
ㄹ 받침과 만나면 어떤 글자가 되는지 읽어 보고, 글자를 순서에 맞게 써보세요.

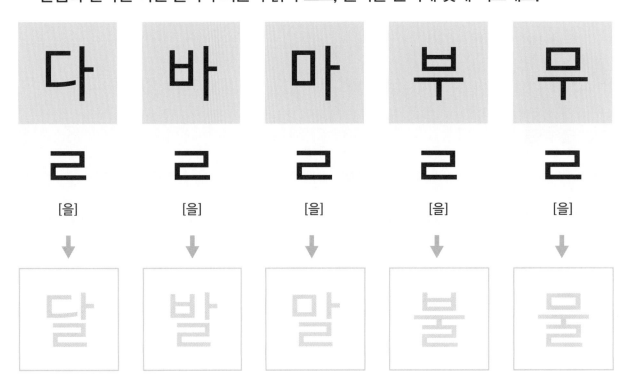

다	바	마	부	무
ㄹ	ㄹ	ㄹ	ㄹ	ㄹ
[을]	[을]	[을]	[을]	[을]
↓	↓	↓	↓	↓
달	발	말	불	물

ㄹ 받침과 만나면 어떤 글자가 되는지 읽어 보세요.

갈 날 달 랄 말 발 살   얼 절 철 컬 털 펄 헐

골 놀 돌 롤 몰 볼 솔   울 줄 출 쿨 툴 풀 훌

글 늘 들 를 믈 블 슬   일 질 칠 킬 틸 필 힐

56

ㄹ 받침을 넣어 낱말을 완성하고 순서에 맞게 써보세요.

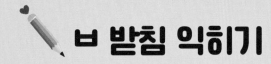
ㅂ 받침과 만나면 어떤 글자가 되는지 읽어 보고, 글자를 순서에 맞게 써보세요.

바	이	지	커	토
ㅂ	ㅂ	ㅂ	ㅂ	ㅂ
[읍]	[읍]	[읍]	[읍]	[읍]
↓	↓	↓	↓	↓
밥	입	집	컵	톱

ㅂ 받침과 만나면 어떤 글자가 되는지 읽어 보세요.

가 나 다 라 마 바 사
ㅂ ㅂ ㅂ ㅂ ㅂ ㅂ ㅂ

어 저 처 커 터 퍼 허
ㅂ ㅂ ㅂ ㅂ ㅂ ㅂ ㅂ

고 노 도 로 모 보 소
ㅂ ㅂ ㅂ ㅂ ㅂ ㅂ ㅂ

우 주 추 쿠 투 푸 후
ㅂ ㅂ ㅂ ㅂ ㅂ ㅂ ㅂ

그 느 드 르 므 브 스
ㅂ ㅂ ㅂ ㅂ ㅂ ㅂ ㅂ

이 지 치 키 티 피 히
ㅂ ㅂ ㅂ ㅂ ㅂ ㅂ ㅂ

ㅂ 받침을 넣어 낱말을 완성하고 순서에 맞게 써보세요.

✏️ ㄱ 받침 가족 익히기

ㄱ, ㅋ, ㄲ은 받침에서 모두 '윽' 소리가 납니다.

ㄱ 받침 가족

ㄱ ㅋ ㄲ

받침 가족은 입학 전 아이들에게는
조금 어려울 수 있습니다.
맛보기만 한다는 생각으로 접해 주세요.

다음 글자를 소리 내어 읽어 보세요.

국	꼭	락	묵	떡	약	적
녁	억	꺾	닭	묶	밖	볶

맞는 낱말에 ○표 하세요.

| | 섞다 |
| | 석다 |

| | 닥다 |
| | 닦다 |

| | 부억 |
| | 부엌 |

| | 저녁 |
| | 저녂 |

그림을 보고 표에서 알맞은 글자를 찾아 빈칸에 써보세요.

녁 묵 낚 꼭 녘 볶 묶 탁

	시

	다

	식

떡	이

✏️ ㄷ 받침 가족 익히기

ㄷ, ㅅ, ㅆ, ㅈ, ㅊ, ㅌ, ㅎ은 받침에서 모두 '읃' 소리가 납니다.

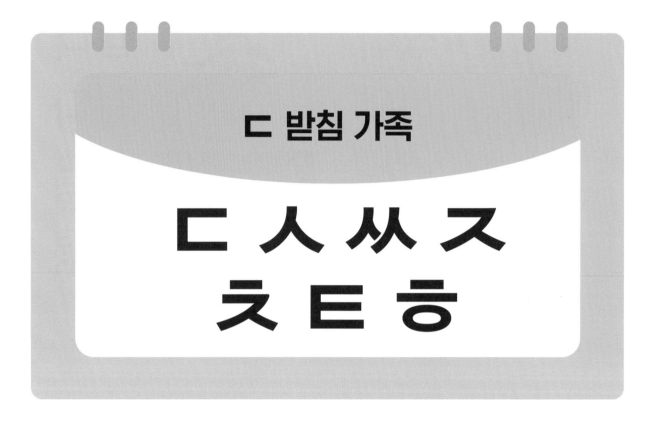

ㄷ 받침 가족

ㄷ ㅅ ㅆ ㅈ ㅊ ㅌ ㅎ

다음 글자를 소리 내어 읽어 보세요.

곧	낫	빗	섯	벗	었	있
빚	벚	젖	꼿	꽃	빛	쫓
윷	솥	밭	깥	팥	앟	찧

맞는 낱말에 ○표 하세요.

	좋다
	좋다

	버섯
	버섳

	꼿
	꽃

	바깟
	바깥

그림을 보고 표에서 알맞은 글자를 찾아 빈칸에 써보세요.

꽃 젓 씻 랗 끝 쫓 젖 쌀

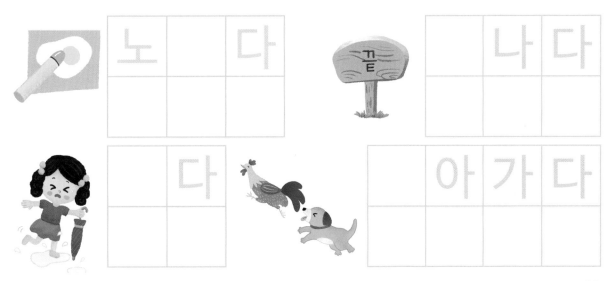

노		다

	나	다

		다

아	가	다

63

ㅂ 받침 가족 익히기

ㅂ과 ㅍ은 받침에서 모두 '읍' 소리가 납니다.

ㅂ 받침 가족

ㅂ ㅍ

다음 글자를 소리 내어 읽어 보세요.

| 곱 | 답 | 밥 | 삽 | 즙 | 찹 | 톱 |
| 높 | 늪 | 엎 | 숲 | 싶 | 앞 | 옆 |

맞는 낱말에 ◯표 하세요.

그림을 보고 표에서 알맞은 글자를 찾아 빈칸에 써보세요.

압 싶 앞 옆 톱 높 짚 첩

ㅐ, ㅔ 익히기

ㅐ와 ㅔ를 알아봐요.

모음자	이름	쓰는 순서	따라 쓰기		
ㅐ	애	ㅐ	ㅐ		
ㅔ	에	ㅔ	ㅔ		

다음 낱말을 소리 내어 읽고 써보세요.

개

게

고래

대나무

그네

메아리

ㅒ, ㅖ 익히기

ㅒ와 ㅖ를 알아봐요.

모음자	이름	쓰는 순서	따라 쓰기		
ㅒ	얘	ㅒ	ㅒ		
ㅖ	예	ㅖ	ㅖ		

다음 낱말을 소리 내어 읽고 써보세요.

  쟤

  시계

  얘기

  계단

  얘

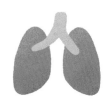 폐

ㅘ, ㅝ 익히기

◆ ㅘ와 ㅝ를 알아봐요.

모음자	이름	쓰는 순서	따라 쓰기		
ㅘ	와	ㅘ	ㅘ		
ㅝ	워	ㅝ	ㅝ		

다음 낱말을 소리 내어 읽고 써보세요.

사	과

뭐	야

과	자

태	권	도

병	원

화	장	실

ㅟ, ㅢ 익히기

◆ ㅟ와 ㅢ를 알아봐요.

모음자	이름	쓰는 순서	따라 쓰기		
ㅟ	위	ㅟ	ㅟ		
ㅢ	의	ㅢ	ㅢ		

다음 낱말을 소리 내어 읽고 써보세요.

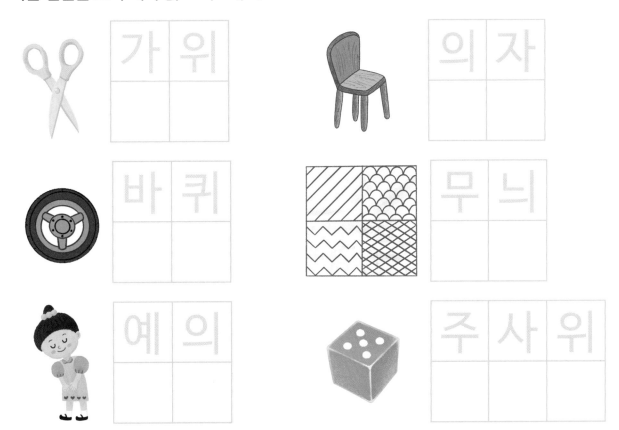

가 위

의 자

바 퀴

무 늬

예 의

주 사 위

69

ㅞ, ㅙ, ㅚ 익히기

ㅞ, ㅙ, ㅚ를 알아봐요.

모음자	이름	쓰는 순서	따라 쓰기	
ㅞ	웨	ㅞ	ㅞ	
ㅙ	왜	ㅙ	ㅙ	
ㅚ	외	ㅚ	ㅚ	

다음 낱말을 소리 내어 읽고 써보세요.

돼	지

된	장

인	쇄

회	색

스	웨	터

쌍자음 낱말 읽기

다음 낱말을 소리 내어 읽고 써보세요.

 꼬 마

 꿀 벌

 팔 찌

 날 씨

 빨 래

 까 마 귀

 뚜 껑

 쓰 레 기

어려운 받침 낱말 읽기

다음 낱말을 소리 내어 읽고 써보세요.

젊	다

닮	다

깎	다

볶	다

많	다

앉	다

싫	다

분실물
보관소

잃	다

다음 낱말을 소리 내어 읽고 써보세요.

 맑 다

 읽 다

 낡 다

 짧 다

 없 다

 넓 다

 얇 다

 핥 다

73

다음 빈칸에 공통으로 들어가는 글자를 적어 보세요.

감 식 역 검 의

봉

고 향 연 모 딸 감

74

원
숭
귀 걸

애
벌
대 걸

새

돌 잔

기

체 국

주
선

총 복습 한글 놀이

다음 빈칸에 공통으로 들어가는 글자를 적어 보세요.

	바	
지	본	
	니	

	전	
소		기
	기	

조금 더 어려운 활동을 해볼까요?

	독	
정		리
	리	

	소	
소		기
	무	

끝말잇기를 하고 있습니다. 낱말을 크게 읽어 보고 마지막 낱말을 스스로 채워 보세요.

책상 — 상장 — 장어 — 어부 — [　]

시장 — 장래희망 — 망치 — [　]

풍선 — 선물 — 물감 — 감동 — [　]

엉금엉금 — 금메달 — 달팽이 — [　]

라면 — 면봉 — 봉우리 — 리본 — [　]

공주 — 주방 — 방귀 — 귀마개 — [　]

표 속에 글자가 뒤죽박죽 섞여 있어요. 보기의 낱말이 어디에 숨어 있을까요? 찾아서 칠해 보세요.

겨	책	도	리	아
상	버	스	시	거
지	고	사	망	미
파	더	치	고	야
하	도	즈	지	피

보기   버스, 파도, 치즈, 도시, 거미, 망고, 책상

신체 부위 낱말을 찾고 있습니다. 곳곳에 숨어 있는 글자를 연결하여 신체 부위 낱말을 완성해 보세요.

| 속눈썹 | 목덜미 | 겨드랑이 | 뒤꿈치 | 종아리 |

✦ 2부 ✦

수학 준비

초등학교에 입학하면 어떤 수학을 배우게 될까요?
궁금하지 않나요?
선생님과 함께 지금부터 하나씩 배워 볼까요?
너무 쉬워서 순식간에 끝내고 싶어질지도 몰라요.
하지만 가장 중요한 건 다양한 구체물들로
반복해서 숫자를 세보고,
가르기, 모으기를 해보는 등
수 개념과 원리를 익히는 거라는 사실,
잊지 마세요.

그림의 수만큼 색칠해 보세요.

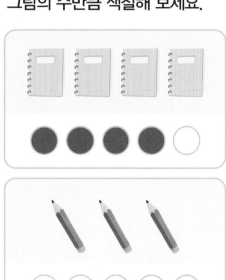

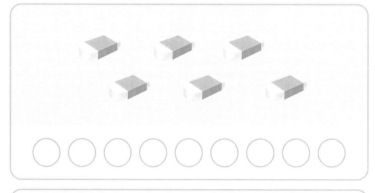

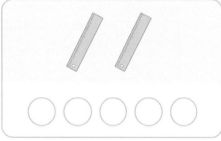

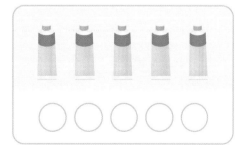

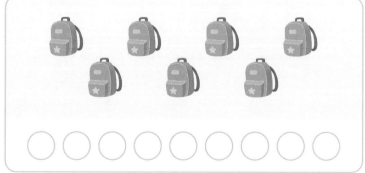

1~9까지 숫자를 두 가지 방법으로 읽고, 수에 맞게 ○를 그려요.

숫자	읽기①	읽기②	○로 나타내기(윗줄 왼쪽부터 그리기)
1	하나	일	○
2	둘	이	○　○
3	셋	삼	
4	넷	사	
5	다섯	오	
6	여섯	육	
7	일곱	칠	
8	여덟	팔	
9	아홉	구	

그림의 수를 세어 알맞은 수에 ○표 하세요.

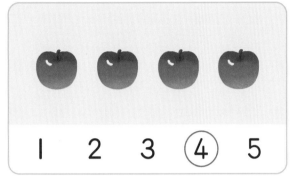

1 2 3 ④ 5

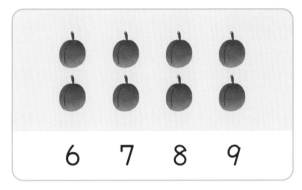

6 7 8 9

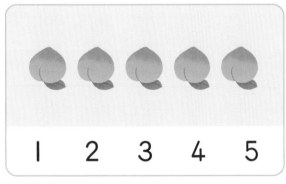

1 2 3 4 5

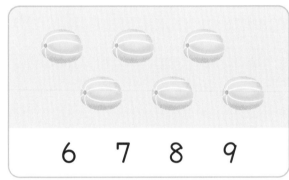

6 7 8 9

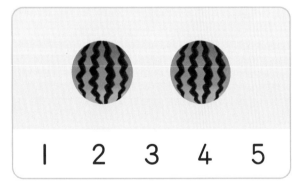

1 2 3 4 5

6 7 8 9

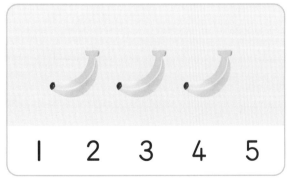

1 2 3 4 5

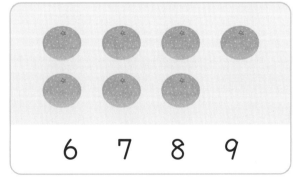

6 7 8 9

수를 세어 이어 보세요.

$\boxed{1}$ $\boxed{2}$ $\boxed{3}$ $\boxed{4}$ $\boxed{5}$

그림을 보고 알맞은 수에 ○표 하세요.

우리 가족은
(6 , 7 , 8 , 9)명입니다.

동물원에 원숭이가
(6 , 7 , 8 , 9)마리 있어요.

1~9까지 순서에 맞게 따라 써보세요.

1	1	1				
2	2	2				
3	3	3				
4	4	4				
5	5	5				
6	6	6				
7	7	7				
8	8	8				
9	9	9				

1∼9까지의 수를 써보세요.

그림의 수를 세어 □ 안에 알맞은 수를 써넣으세요.

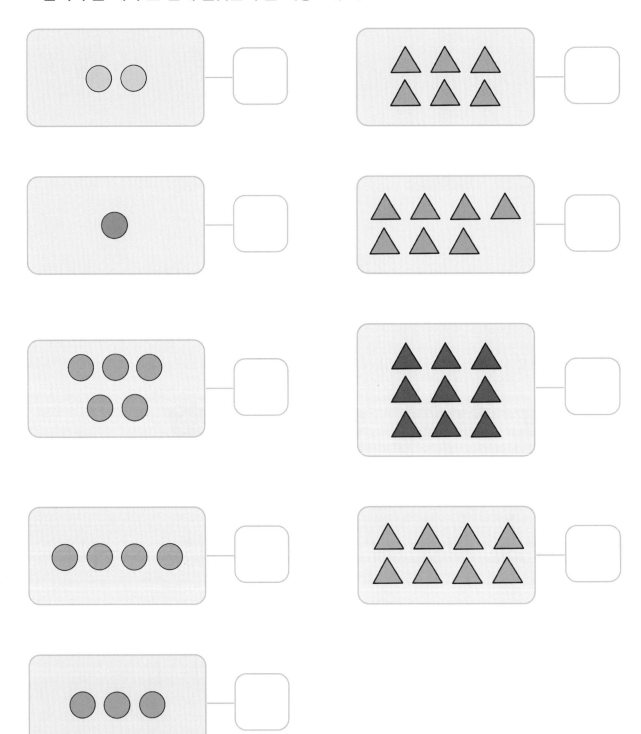

그림의 수를 세어 □ 안에 알맞은 숫자를 쓰세요.

 □    □    □    □

 □    □    □    □

동물들이 몇 층에 사는지 적어 보세요. 내가 사는 층에는 나를 그려 주세요.

는 ☐ 층에 삽니다.

는 ☐ 층에 삽니다.

는 ☐ 층에 삽니다.

는 ☐ 층에 삽니다.

는 ☐ 층에 삽니다.

는 ☐ 층에 삽니다.

는 ☐ 층에 삽니다.

는 ☐ 층에 삽니다.

나는 9층에 삽니다.

배고픈 애벌레가 먹은 음식 순서입니다. 물음에 답해 보세요.

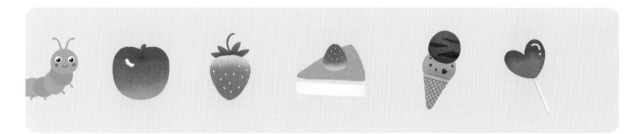

첫째로 먹은 음식은 무엇인지 찾아 ◯표 하세요.

넷째로 먹은 음식은 무엇인지 찾아 △표 하세요.

다섯째로 먹은 음식은 무엇인지 찾아 □표 하세요.

친구들이 순서대로 줄을 섰습니다. 물음에 답해 보세요.

안경을 쓴 친구는 앞에서부터 몇째에 서 있습니까? ☐ 째

치마를 입은 친구는 앞에서부터 몇째에 서 있습니까? ☐ 째

가방을 메고 있는 친구는 앞에서부터 몇째에 서 있습니까? ☐ 째

손을 들고 있는 친구는 앞에서부터 몇째에 서 있습니까? ☐ 째

순서에 맞게 빈칸에 알맞은 수를 써넣으세요.

| 1 | 2 | | | 5 | | | 8 | |

순서를 거꾸로 하여 빈칸에 알맞은 수를 써넣으세요.

| 9 | | | 6 | | | 3 | | |

5보다 큰 수에 모두 색칠하세요.

1 2 3 4 5 6 7 8 9

다음 수들을 작은 수부터 순서대로 쓰세요.

6 3 5 7 2 9

| | | | | | | |

수의 순서대로 선을 이어 보세요.

왼쪽과 같은 모양에 ○표 하세요.

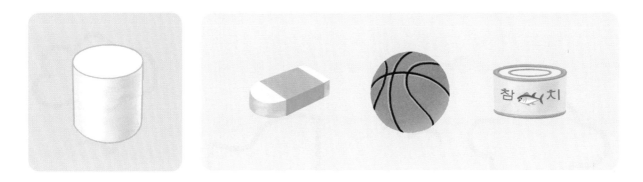

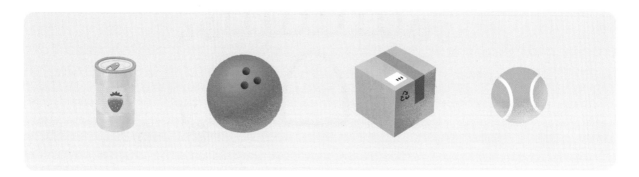 모양에 ○표 하세요.

왼쪽에 보이는 모양에 알맞은 물건의 기호를 쓰세요.

모양이 나머지와 다른 하나에 ×표 하세요.

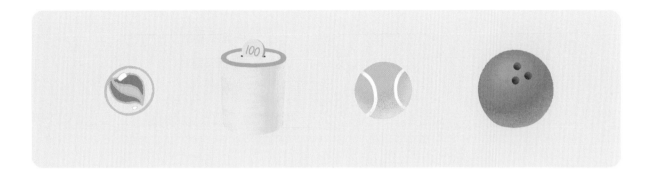

그림을 보고 각 모양을 저마다 몇 개 사용하여 만들었는지 세어 보세요.

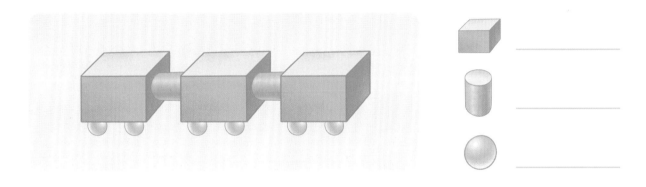

물건의 모양과 같은 모양끼리 짝지은 사람은 누구일까요?

은혜

지수

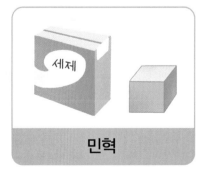

민혁

모으기

모으기 판을 보고 모으기 하여 그림을 완성해 보세요.

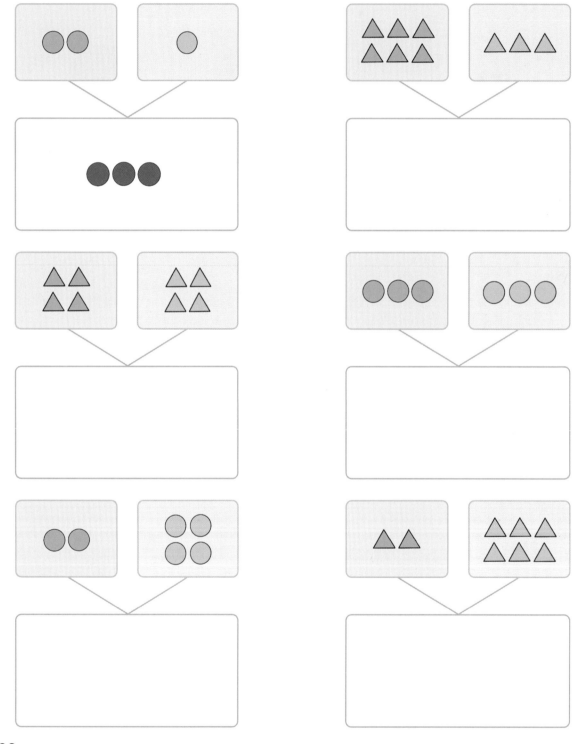

모으기 판의 두 숫자를 더해 정답을 바르게 써보세요.

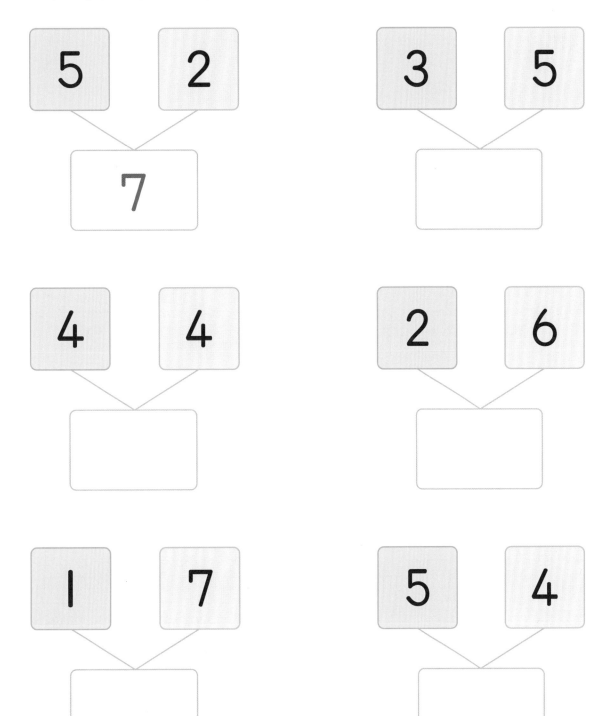

가르기

색연필로 주어진 칸을 가르기 해서 색칠해 보고, 숫자로 가르기 결과를 정리해 보세요.

1 , 5

6
1 5

2 ,

6
2 ☐

3 ,

7
☐ ☐

3 ,

8
☐ ☐

가르기 판을 보고 가르기 하여 빈칸을 완성해 보세요.

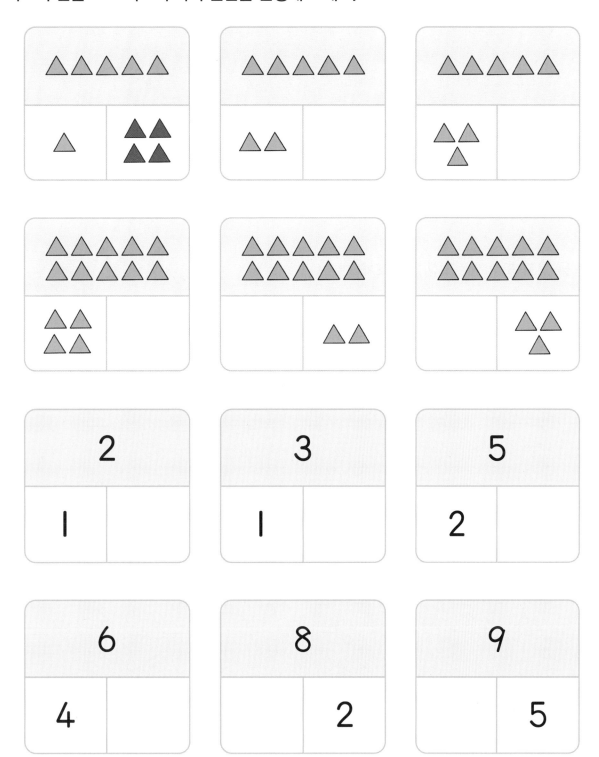

모으기를 떠올리며 덧셈을 해보세요.

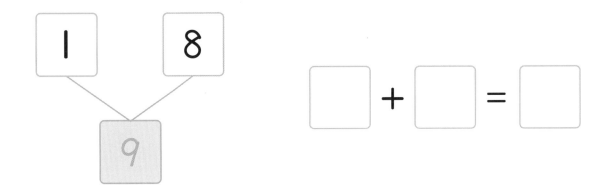

그림을 보고 모으기로 덧셈을 해보세요.

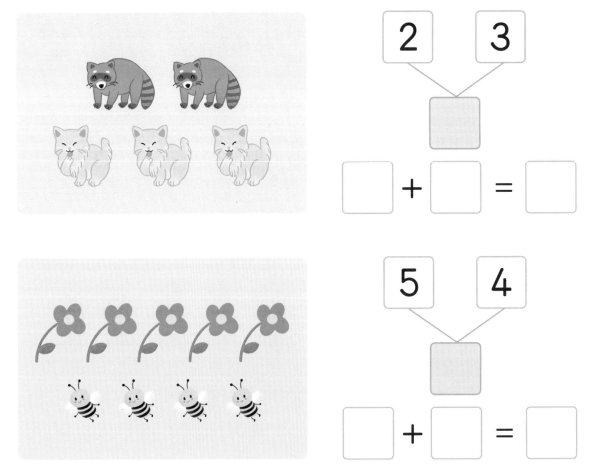

결과가 같은 것끼리 선으로 이어 보세요.

$2 + 4 = \boxed{}$ · · $2 + 3 = \boxed{}$

$1 + 4 = \boxed{}$ · · $3 + 3 = \boxed{}$

$7 + 1 = \boxed{}$ · · $5 + 3 = \boxed{}$

덧셈을 해보세요.

$7 + 0 = 7$ $4 + 1 =$ $4 + 4 =$

$5 + 2 =$ $5 + 1 =$ $4 + 2 =$

$3 + 6 =$ $1 + 8 =$ $2 + 2 =$

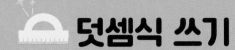

사탕은 모두 몇 개인지 식으로 표현한 뒤 덧셈해 보세요.

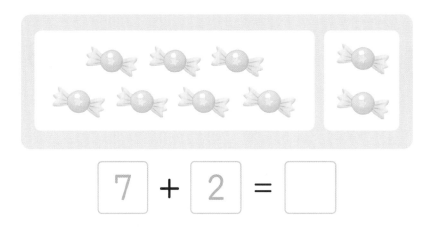

$$7 + 2 = \boxed{}$$

아이스크림은 모두 몇 개인지 식으로 표현한 뒤 덧셈해 보세요.

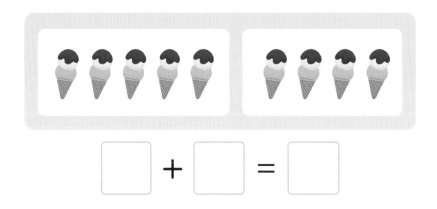

$$\boxed{} + \boxed{} = \boxed{}$$

연필은 모두 몇 자루인지 식으로 표현한 뒤 덧셈해 보세요.

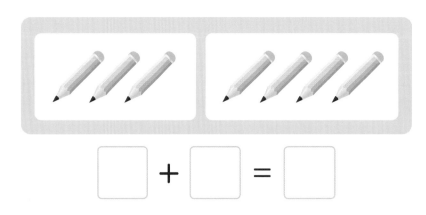

$$\boxed{} + \boxed{} = \boxed{}$$

동생이 막대사탕 3개를 갖고 있었는데 엄마께서 동생에게 6개의 사탕을 더 주셨습니다. 동생은 모두 몇 개의 사탕을 갖고 있나요?

$$3 + \boxed{} = \boxed{}$$

초록색 별 스티커가 5개 있었는데 친구가 빨간 별 스티커 3개를 주었습니다. 모두 몇 개의 스티커를 갖고 있나요?

★★★★★☆☆☆

$$\boxed{} + 3 = \boxed{}$$

필통을 열어 보니 연필 4자루와 지우개 3개가 있습니다 모두 몇 개의 필기도구가 있나요?

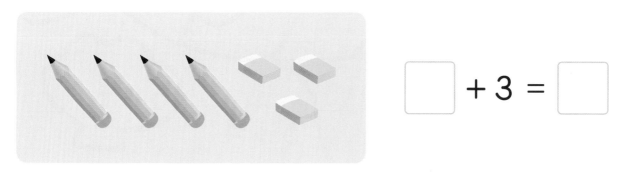

$$\boxed{} + 3 = \boxed{}$$

덧셈 놀이 하기

덧셈을 하여 정답에 해당하는 색깔로 칠해 보세요.

6	7	8	9
빨간색	노란색	주황색	파란색

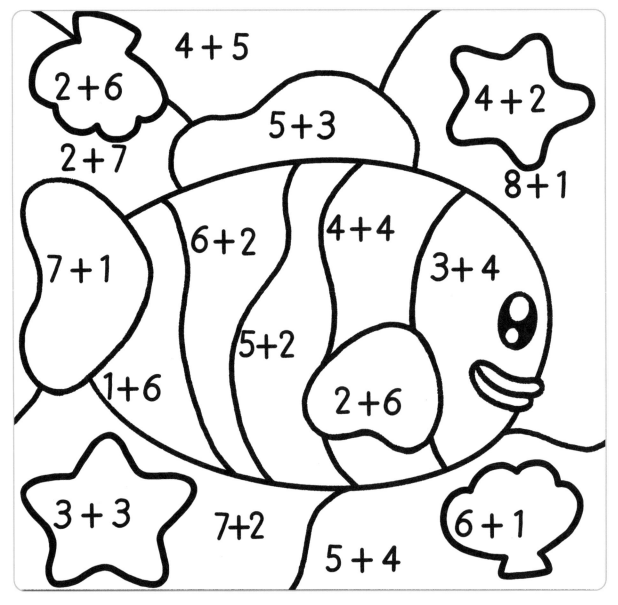

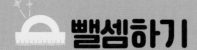

그림을 보고 가르기로 뺄셈을 해보세요.

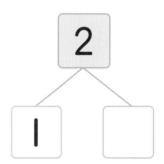

그림을 보고 가르기로 뺄셈을 해보세요.

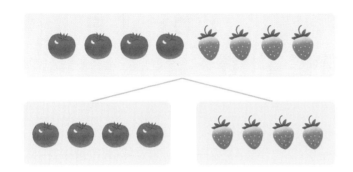

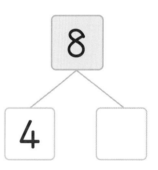

그림을 보고 가르기로 뺄셈을 해보세요.

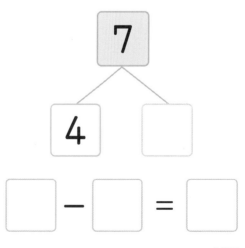

결과가 같은 것끼리 선으로 이어 보세요.

$5 - 2 =$ ☐ •   • $9 - 8 =$ ☐

$7 - 6 =$ ☐ •   • $6 - 3 =$ ☐

$8 - 4 =$ ☐ •   • $5 - 1 =$ ☐

☐안에 +, − 를 알맞게 써넣으세요.

$6 \ \boxed{} \ 6 = 0$ $1 \ \boxed{} \ 0 = 1$ $5 \ \boxed{} \ 2 = 7$

$3 \ \boxed{} \ 1 = 2$ $4 \ \boxed{} \ 2 = 2$ $1 \ \boxed{} \ 8 = 9$

$4 \ \boxed{} \ 4 = 8$ $8 \ \boxed{} \ 8 = 0$ $3 \ \boxed{} \ 3 = 6$

뺄셈식 쓰기

공은 몇 개가 남는지 식으로 표현한 뒤 뺄셈해 보세요.

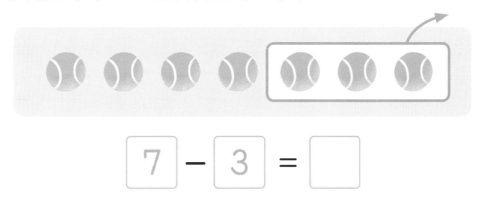

$$7 - 3 = \boxed{}$$

나비가 6마리 있었는데 3마리가 날아갔습니다. 남아 있는 나비는 몇 마리인가요?

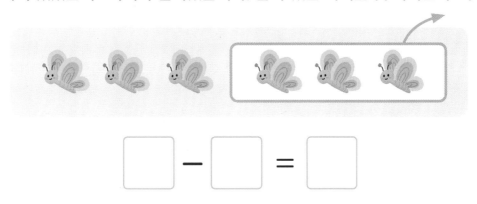

$$\boxed{} - \boxed{} = \boxed{}$$

사탕이 8개 있었는데 4개를 먹었습니다. 남아 있는 사탕은 몇 개인가요?

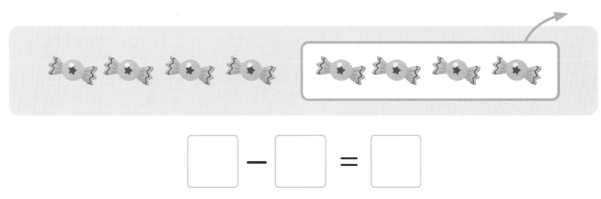

$$\boxed{} - \boxed{} = \boxed{}$$

쿠키는 접시보다 몇 개 더 많을까요?

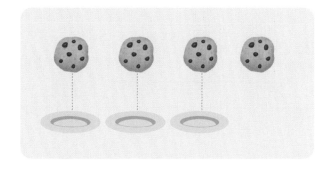

$$4 - \boxed{} = \boxed{}$$

노란 공은 파란 공보다 몇 개 더 많을까요?

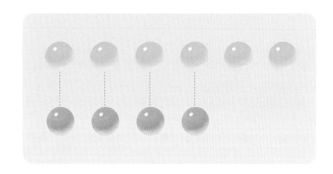

$$\boxed{} - \boxed{} = \boxed{}$$

연필은 지우개보다 몇 개 더 많을까요?

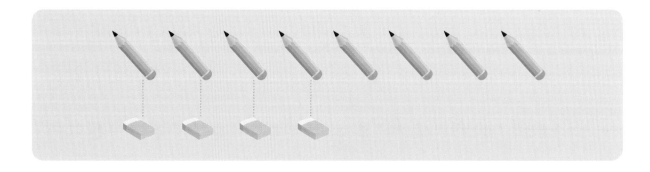

$$\boxed{} - \boxed{} = \boxed{}$$

뺄셈을 하여 정답에 해당하는 색깔로 칠해 보세요

2	3	4	5	6	7
초록색	파란색	노란색	분홍색	보라색	주황색

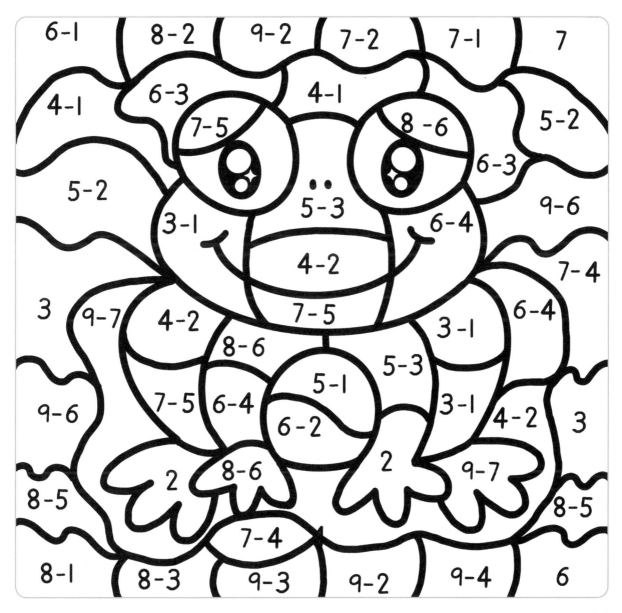

빈칸에 알맞은 수를 써넣으세요.

9보다 1만큼 더 큰 수는 [ ] 입니다.

10이 되도록 색칠하세요.

10이 되도록 같은 모양을 그려 넣으세요.

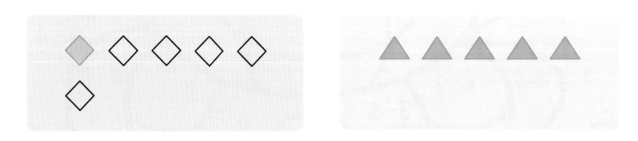

10을 모으기와 가르기 한 것입니다. 빈칸에 알맞은 수를 써넣으세요.

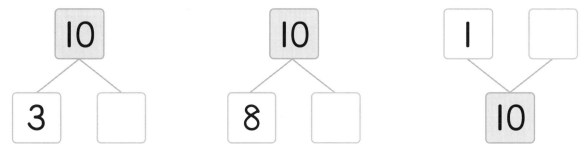

십몇 알기

그림을 보고 빈칸에 알맞은 수를 써넣으세요.

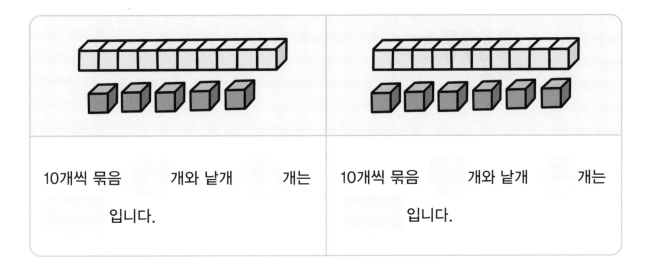

10개씩 묶음　　　개와 낱개　　　개는

입니다.

10개씩 묶음　　　개와 낱개　　　개는

입니다.

알맞게 이어 보세요.

13 ・

16 ・

19 ・

　　　・ 십구 ・

　　　・ 십육 ・

　　　・ 십삼 ・

　　　・ 열여섯

　　　・ 열셋

　　　・ 열아홉

빈칸에 알맞은 수를 써넣으세요.

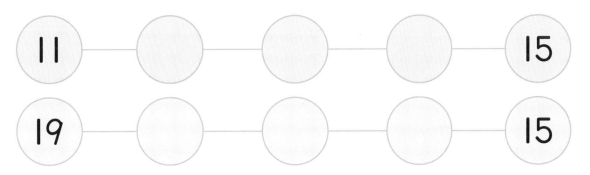

모으기와 가르기

그림을 보고 빈칸에 알맞은 수를 써넣으세요.

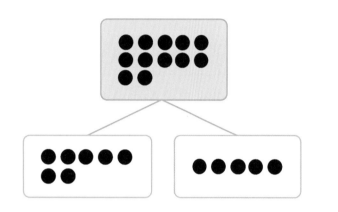

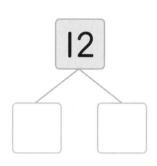

그림을 보고 빈칸에 알맞은 수를 써넣으세요.

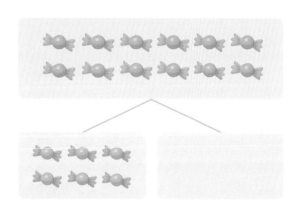

사탕은 모두 ☐ 개이고

6개와 ☐ 개로 가를 수 있습니다.

모으기와 가르기를 하세요.

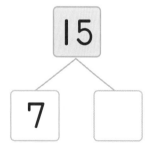

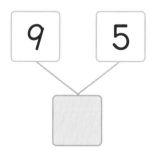

그림을 보고 빈칸에 알맞은 수를 써넣으세요.

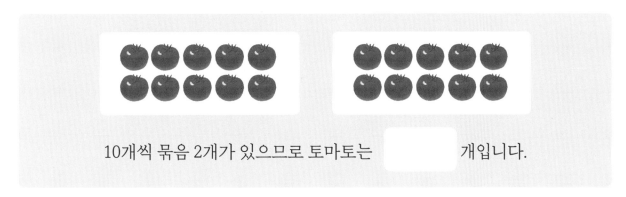

10개씩 묶음 2개가 있으므로 토마토는 [ ] 개입니다.

모형의 수를 세어 빈칸에 알맞은 수를 써넣으세요.

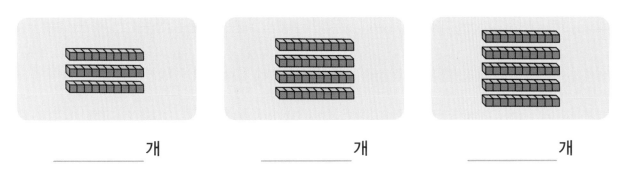

_____ 개   _____ 개   _____ 개

그림을 보고 빈칸에 알맞은 수를 써넣으세요.

10개씩 묶음 [ ] 개와 낱개 [ ] 개가 있으므로

참외는 [ ] 개입니다.

113

50까지 수를 알아봐요.

10	20	30	40	50
십	이십	삼십	사십	오십
열	스물	서른	마흔	쉰

그림을 보고 빈칸에 알맞은 수를 써넣으세요.

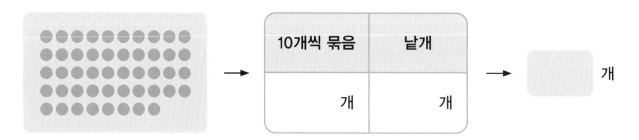

10개씩 묶음	낱개
개	개

→ ☐ 개

알맞게 이어 보세요.

23 •   • 이십삼 •   • 마흔아홉

49 •   • 사십구 •   • 스물셋

50까지의 순서 알기

두 수 사이에 들어갈 수를 쓰세요.

11		13

47		49

25		27

빈칸에 알맞은 수를 써넣으세요.

21 — ○ — 23 — 24 — ○ — ○ — 27 — 28

○ — 35 — 36 — 37 — ○ — 39 — ○ — 41

13이 들어갈 칸에 노란색, 38이 들어갈 칸에 분홍색, 45가 들어갈 칸에 하늘색을 칠하세요.

1		3	4		6	7	8		10
11	12		14	15		17		19	20
	22	23			26		28		30
31			34	35		37		39	40
	42				46	47			50

빈칸에 알맞은 수를 써넣으세요.

빈칸에 알맞은 수를 써넣으세요.

가장 작은 수를 쓰세요.

| 36 | 28 | 49 |

| 삼십이 | 사십육 | 십오 |

_____   _____

가장 큰 수를 쓰세요.

| 29 | 46 | 35 |

| 서른하나 | 스물다섯 | 마흔 |

_____   _____

100까지의 수를 알아봐요.

	10개 묶음	6 개	수	60
			읽기	육십 예순

	10개 묶음	개	수	70
			읽기	칠십 일흔

	10개 묶음	개	수	80
			읽기	팔십 여든

	10개 묶음	개	수	90
			읽기	구십 아흔

	10개 묶음	개	수	100
			읽기	백

빈칸에 알맞은 수를 써넣으세요.

51 52 53 [ ] [ ] [ ] 57 [ ]

59 60 [ ] 62 63 [ ] [ ] [ ]

67 [ ] 69 [ ] [ ] [ ] 73 [ ]

87 86 [ ] [ ] 83 82 81 80

79 [ ] [ ] [ ] [ ] 74 73 72

[ ] [ ] [ ] 68 67 [ ] 65 64

71 72 73 __ __ __ 77 __

__ 80 __ __ __ 84 __ __

__ __ 89 __ 91 __ __ __

98 __ 96 __ 94 __ 92 __

__ 89 __ __ 86 __ __ 83

__ 81 __ 79 __ 77 __ 75

100까지의 수 알기

1부터 100까지 숫자를 적어 보세요.

1   2

50

100

긴 바늘이 12를 가리킬 때 (몇 시)를 나타냅니다. 시계를 보고 몇 시인지 읽어 보세요.

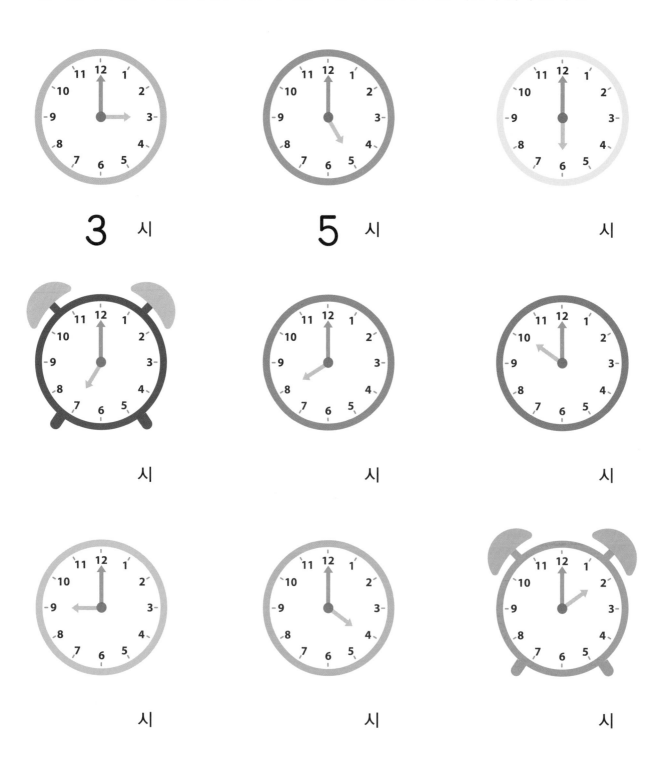

3 시

5 시

시

시

시

시

시

시

시

긴 바늘이 6을 가리킬 때 (몇 시 삼십 분)을 나타냅니다. 시계를 보고 몇 시 몇 분인지 읽어 보세요.

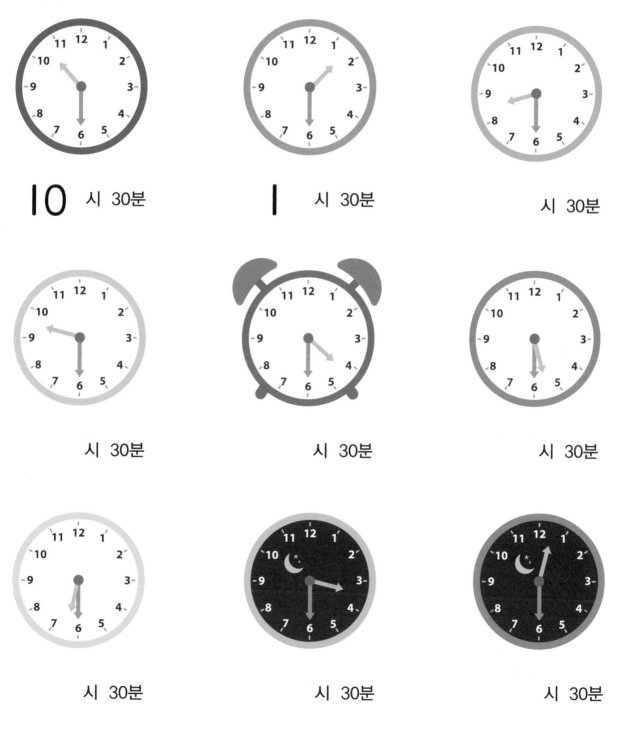

10 시 30분

| 시 30분

시 30분

시 30분

시 30분

시 30분

시 30분

시 30분

시 30분

☀ 정답 ☀

43쪽

그림을 보고 빈칸의 글자를 완성한 후 큰 소리로 읽어 보세요.

소 나 무 아 버 지

다 리 미 피 아 노

도 토 리 너 구 리

74쪽

다음 빈칸에 공통으로 들어가는 글자를 적어 보세요.

식
감 · 역
사
봉 · 의 · 검 · 고 · 향
감
기
딸 · 연
모

75쪽

원 숭 이
귀 걸 이
새 치 기
돌 잔

애 벌 레
대 걸 레
우 체 국
주 선

76쪽

다음 빈칸에 공통으로 들어가는 글자를 적어 보세요.

바
지 구 본 · 니

전
소 화 기 · 기

조금 더 어려운 활동을 해볼까요?

독
정 수 리 · 리

소
소 나 기 · 무

77쪽 (정답예시)

끝말잇기를 하고 있습니다. 낱말을 크게 읽어 보고 마지막 낱말을 스스로 채워 보세요.

책상	상장	장어	어부	부자
시장	장래희망		망치	치과
풍선	선물	물감	감동	동화
엉금엉금		금메달	달팽이	이름
라면	면봉	봉우리	리본	본드
공주	주방	방귀	귀마개	개나리

78쪽

표 속에 글자가 뒤죽박죽 섞여 있어요. 보기의 낱말이 어디에 숨어 있을까요? 찾아서 칠해 보세요.

겨	책	도	리	아
상	버	스	시	거
지	고	사	망	미
파	더	치	고	야
하	도	즈	지	피

보기   버스, 파도, 치즈, 도시, 거미, 망고, 책상

79쪽

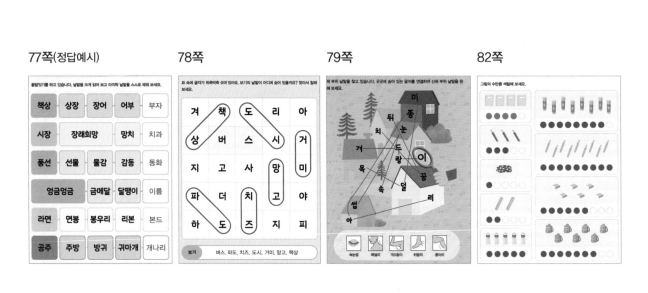

82쪽

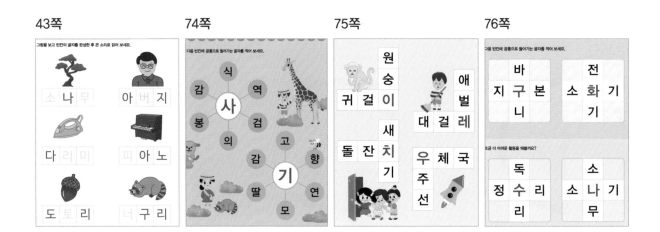

84쪽

그림의 수를 세어 알맞은 수에 ○표 하세요.

1 2 3 ④ 5   6 7 ⑧ 9

1 2 3 4 ⑤   ⑥ 7 8 9

1 ② 3 4 5   6 7 8 ⑨

1 ② 3 4 5   6 ⑦ 8 9

85쪽

수를 세어 이어 보세요.

1 2 3 4 5

그림을 보고 알맞은 수에 ○표 하세요.

우리 가족은 (6 , ⑦ , 8 , 9)명입니다.

동물원에 원숭이가 (6 , 7 , ⑧ , 9)마리 있어요.

88쪽

그림의 수를 세어 □ 안에 알맞은 수를 써넣으세요.

○○ 2   ▲▲▲▲▲▲ 6

○ 1   ▲▲▲▲▲▲▲ 7

○○○ 5   ▲▲▲▲▲▲▲▲▲ 9

○○○○ 4   ▲▲▲▲▲▲▲▲ 8

○○○ 3

89쪽

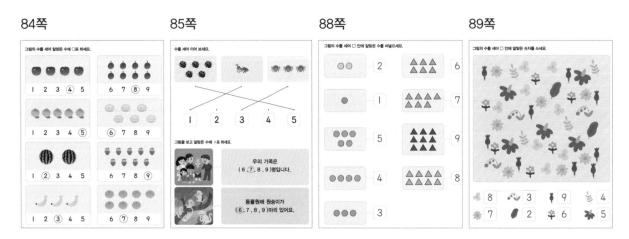

124

91쪽

배고픈 애벌레가 먹은 음식 순서입니다. 물음에 답해 보세요.

첫번째로 먹은 음식은 무엇인지 찾아 ○표 하세요.
넷번째로 먹은 음식은 무엇인지 찾아 △표 하세요.
다섯째로 먹은 음식은 무엇인지 찾아 □표 하세요.

친구들이 순서대로 줄을 섰습니다. 물음에 답해 보세요.

안경을 쓴 친구는 앞에서부터 몇째에 서 있습니까? **일곱** 째
치마를 입은 친구는 앞에서부터 몇째에 서 있습니까? **넷** 째
가방을 메고 있는 친구는 앞에서부터 몇째에 서 있습니까? **여덟** 째
손을 들고 있는 친구는 앞에서부터 몇째에 서 있습니까? **첫** 째

93쪽

수의 순서대로 선을 이어 보세요.

94쪽

왼쪽과 같은 모양에 ○표 하세요.

◯ 모양에 ○표 하세요.

왼쪽에 보이는 모양에 알맞은 물건의 기호를 쓰세요.

ⓛ

95쪽

모양이 나머지와 다른 하나에 ×표 하세요.

그림을 보고 각 모양을 처마다 몇 개 사용하여 만들었는지 세어 보세요.

3
2
6

물건의 모양과 같은 모양끼리 짝지은 사람은 누구일까요?

은혜   지수   민혁

민혁

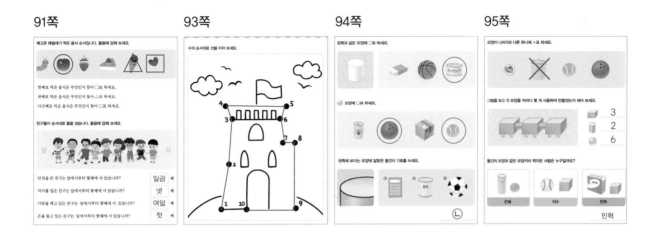

96쪽

모으기 판을 보고 모으기 하여 그림을 완성해 보세요.

97쪽

모으기 판의 두 숫자를 더해 정답을 바르게 써보세요.

5 2   3 5
7   8
4 4   2 6
8   8
1 7   5 4
8   9

98쪽

연필로 주어진 칸을 가르기 해서 색칠해 보고, 숫자로 가르기 결과를 정리해 보세요.

6
1, 5
1 5

6
2, 4
2 4

7
3, 4
3 4

8
3, 5
3 5

99쪽

가르기 판을 보고 가르기 하여 빈칸을 완성해 보세요.

2   3   5
1 1   1 2   2 3

6   8   9
4 2   4 4   4 5

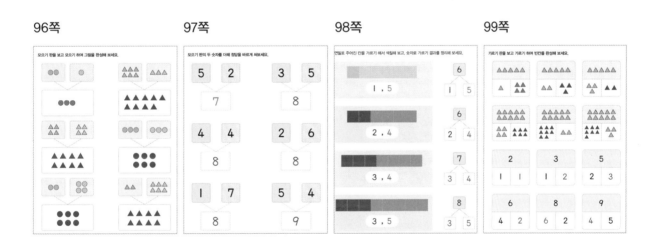

100쪽

모으기를 마물리며 덧셈을 해보세요.

1 8
9

1 + 8 = 9

그림을 보고 모으기를 해보세요.

2 3
5
2 + 3 = 5

5 4
9
5 + 4 = 9

101쪽

결과가 같은 것끼리 선으로 이어 보세요.

2 + 4 = 6   2 + 3 = 5
1 + 4 = 5   3 + 3 = 6
7 + 1 = 8   5 + 3 = 8

덧셈을 해보세요.

7 + 0 = 7   4 + 1 = 5   4 + 4 = 8
5 + 2 = 7   5 + 1 = 6   4 + 2 = 6
3 + 6 = 9   1 + 8 = 9   2 + 2 = 4

102쪽

사탕은 모두 몇 개인지 식으로 표현한 뒤 덧셈을 해보세요.

7 + 2 = 9

아이스크림은 모두 몇 개인지 식으로 표현한 뒤 덧셈을 해보세요.

5 + 4 = 9

연필은 모두 몇 자루인지 식으로 표현한 뒤 덧셈을 해보세요.

3 + 4 = 7

103쪽

동생이 막대사탕 3개를 갖고 있었는데 엄마에게 동생에게 6개의 사탕을 더 주셨습니다. 동생은 모두 몇 개의 사탕을 갖고 있나요?

3 + 6 = 9

초록색 별 스티커가 5개 있었는데 친구가 빨간 별 스티커 3개를 주었습니다. 모두 몇 개의 스티커를 갖고 있나요?

5 + 3 = 8

필통을 열어 보니 연필 4자루와 지우개 3개가 있습니다 모두 몇 개의 필기도구가 있나요?

4 + 3 = 7

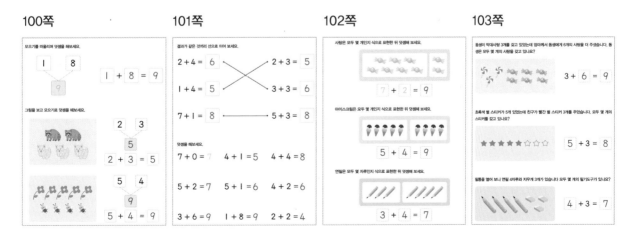

덧셈을 하여 정답에 해당하는 색깔로 칠해 보세요.

6	7	8	9
빨간색	노란색	주황색	파란색

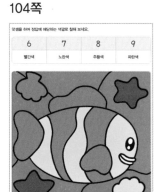

그림을 보고 가르기로 빼셈을 해보세요.

2

1   1

그림을 보고 가르기로 빼셈을 해보세요.

8

4   4

그림을 보고 가르기로 빼셈을 해보세요.

7

4   3

7 − 4 = 3

결과가 같은 것끼리 선으로 이어 보세요.

5 − 2 = 3   9 − 8 = 1

7 − 6 = 1   6 − 3 = 3

8 − 4 = 4   5 − 1 = 4

□안에 +, − 를 알맞게 써넣으세요.

6 − 6 = 0   1 + 0 = 1   5 + 2 = 7

3 − 1 = 2   4 − 2 = 2   1 + 8 = 9

4 + 4 = 8   8 − 8 = 0   3 + 3 = 6

공은 몇 개가 남는지 식으로 표현한 뒤 뺄셈을 해보세요.

7 − 3 = 4

나비가 6마리 있었는데 3마리가 날아갔습니다. 남아 있는 나비는 몇 마리인가요?

6 − 3 = 3

사탕이 8개 있었는데 4개를 먹었습니다. 남아 있는 사탕은 몇 개인가요?

8 − 4 = 4

쿠키는 접시보다 몇 개 더 많을까요?

4 − 3 = 1

노란 공은 파란 공보다 몇 개 더 많을까요?

6 − 4 = 2

연필은 지우개보다 몇 개 더 많을까요?

8 − 4 = 4

뺄셈을 하여 정답에 해당하는 색깔로 칠해 보세요.

2	3	4	5	6	7
초록색	파란색	노란색	분홍색	보라색	주황색

빈칸에 알맞은 수를 써넣으세요.

9보다 1만큼 더 큰 수는 10 입니다.

10이 되도록 색칠하세요.

★★★★★★★★★☆☆

10이 되도록 같은 모양을 그려 넣으세요.

10을 모으기와 가르기 한 것입니다. 빈칸에 알맞은 수를 써넣으세요.

10   10   1   9

3   7   8   2   10

그림을 보고 빈칸에 알맞은 수를 써넣으세요.

10개씩 묶음 1 개와 낱개 5 개는 15 입니다.

10개씩 묶음 1 개와 낱개 6 개는 16 입니다.

알맞게 이어 보세요.

13   십구   열여섯

16   십육   열셋

19   십삼   열아홉

빈칸에 알맞은 수를 써넣으세요.

11   12   13   14   15

19   18   17   16   15

그림을 보고 빈칸에 알맞은 수를 써넣으세요.

12

7   5

그림을 보고 빈칸에 알맞은 수를 써넣으세요.

사탕은 모두 12 개이고
6개와 6 개로 가를 수 있습니다.

모으기와 가르기를 하세요.

15   9   5

7   8   14

그림을 보고 빈칸에 알맞은 수를 써넣으세요.

10개씩 묶음 2개가 있으므로 모두는 20 개입니다.

모형의 수를 세어 빈칸에 알맞은 수를 써넣으세요.

30 개   40 개   50 개

그림을 보고 빈칸에 알맞은 수를 써넣으세요.

10개씩 묶음 2 개와 낱개 5 개가 있으므로
전체는 25 개입니다.

50까지 읽어요.

10	20	30	40	50
십	이십	삼십	사십	오십
열	스물	서른	마흔	쉰

그림을 보고 빈칸에 알맞은 수를 써넣으세요.

10개씩 묶음   낱개
4 개   8 개   →   48 개

알맞게 이어 보세요.

23   이십삼   마흔아홉

49   사십구   스물셋

두 수 사이에 들어갈 수를 쓰세요.

11   12   13   47   48   49   25   26   27

빈칸에 알맞은 수를 써넣으세요.

21   22   23   24   25   26   27   28

34   35   36   37   38   39   40   41

13이 들어갈 칸에 노란색, 38이 들어갈 칸에 분홍색, 45가 들어갈 칸에 하늘색을 칠하세요.

1			10
11	12	14 15	17	19 20
	22 23	26	28	30
31	34 35	37	39 40
	42	46 47	50

126

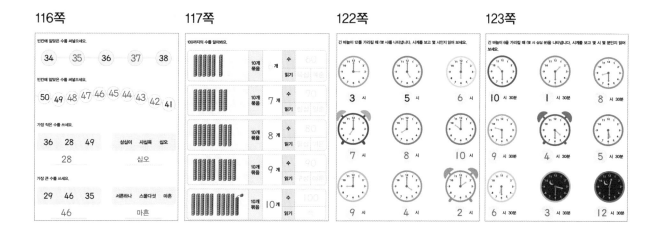

116쪽

빈칸에 알맞은 수를 써넣으세요.

34 — 35 — 36 — 37 — 38

빈칸에 알맞은 수를 써넣으세요.

50 — 49 — 48 — 47 — 46 — 45 — 44 — 43 — 42 — 41

가장 작은 수를 쓰세요.

36	28	49		삼십이	사십육	십오
	28				십오	

가장 큰 수를 쓰세요.

29	46	35		서른하나	스물다섯	마흔
	46				마흔	

117쪽

100까지의 수를 알아봐요.

	10개 묶음	개	수	60
			읽기	
	10개 묶음	7 개	수	70
			읽기	
	10개 묶음	8 개	수	80
			읽기	
	10개 묶음	9 개	수	90
			읽기	
	10개 묶음	10 개	수	100
			읽기	

122쪽

긴 바늘이 12를 가리킬 때 '몇 시'를 나타냅니다. 시계를 보고 몇 시인지 읽어 보세요.

3 시 5 시 6 시

7 시 8 시 10 시

9 시 4 시 2 시

123쪽

긴 바늘이 6을 가리킬 때 '몇 시 삼십 분'을 나타냅니다. 시계를 보고 몇 시 몇 분인지 읽어 보세요.

10 시 30분 1 시 30분 8 시 30분

9 시 30분 4 시 30분 5 시 30분

6 시 30분 3 시 30분 12 시 30분

이서윤 쌤의 아이 스스로 하는
초등 입학 준비 : 공부

초판 1쇄 인쇄 2023년 12월 1일
초판 1쇄 발행 2023년 12월 15일

지은이 이서윤
펴낸이 김종길 **펴낸 곳** 글담출판사 **브랜드** 글담출판

기획편집 이경숙 · 김보라 **영업** 성홍진
디자인 손소정 **마케팅** 김지수 **관리** 이현정

출판등록 1998년 12월 30일 제2013-000314호
주소 (04029) 서울시 마포구 월드컵로8길 41 (서교동 483-9)
전화 (02) 998-7030 **팩스** (02) 998-7924
블로그 blog.naver.com/geuldam4u **이메일** to_geuldam@geuldam.com

ISBN 979-11-91309-53-9 (03370)

만든 사람들 ————————————————
책임편집 이경숙 **디자인** 정현주 **일러스트** 박경아

글담출판에서는 참신한 발상, 따뜻한 시선을 가진 원고를 기다리고 있습니다. 원고는 글담출판
블로그와 이메일을 이용해 보내주세요. 여러분의 소중한 경험과 지식을 나누세요.